はじめに

人間には「想像力」というものがある。そのために、自分が死んだ後のことまで考えてしまう。

死んだら、私たちはいったいどうなってしまうのだろうか。

死んですべてが終わりになるのだろうか。

それとも、死んだ後には、あの世に行くことができるのだろうか。

人類は、その誕生以来、「人は死んだらどこへ行くのか」ということを考えてきた。

そうした人間の想像力が生み出してきたものが、「死生観」である。

死生観は、「生死観」とも言われるが、生死《しょうじ》が仏教のことばであるところから、

は主に仏教の教えに結びつけられてきた。

死生観は、「死と生についての考え方」(『広辞苑』)ということにもなるが、比重

ある。死という必ずめぐってくる出来事を前提として、いかに生きていくのか。それ

死生観の本質である。

死生観は、あの世という観念を含むことから、宗教と深く関係している。

それぞれの宗教における死生観は異なっており、いかなる死生観をもっているかが宗教

の本質的な部分を構成する。

　また、死生観は、時代とともに大きく変わっていく。

　乳幼児が多く亡くなり、高齢になるまで生きることが保証されていなかった昔の時代の死生観と、多くの人が長寿を享受できるようになった現代の死生観とでは大きく異なっている。

　少し前までの日本人の死生観は、死後、浄土に往生することを前提としていた。

　そのためには、生きているあいだに善行を積み、念仏などの宗教的実践を積み重ねておく必要があるとされた。それを怠れば、あるいは非道な生き方をすれば、地獄に落とされることが前提になっていた。

　残された者たちは、死者が無事に極楽往生を果たすことができるようにと、法要を重ね、その菩提を弔ってきた。そこには、「追善」の観念がかかわっており、法要のために布施することで善が追加され、それによって往生が容易になるとされたのである。

　それが、日本人の死生観であり、極楽浄土に往生することが生涯の最終的な目的とされてきたのだ。

人は死んだらどこに行くのか

島田裕巳

青春新書
INTELLIGENCE

こうした死生観が生まれる背景には、いつまで生きられるかがわからないということがあった。

現代では、八〇歳、あるいは九〇歳を超えても、元気で生きていられる人が増えた。それにつれて、こうした従来の死生観は通用しなくなっている。

来世に極楽を求めるよりも、現世において安楽な生活を送りたい。そうした感覚の方が強くなり、伝統的な死生観はその効力を失ってきた。

果たしてそれは、私たちにとって幸福なことだったのだろうか。

今、そのことが問われている。

来世があると信じることができれば、死ぬことに対してさほど不安を感じることはない。むしろ、そこに喜びを見出すこともできる。

ところが、来世を信じられなくなると、私たちは死んだらどうなるのか。もしかしたら、無になってしまうのではないかと、それを怖れるようになるのである。

極楽往生は、仏教の考え方である。

しかし、現代においては、仏教の僧侶であっても、浄土が実在していると信じる者は少ない。まして、死後に極楽往生することを信仰の目的として強調するような僧侶は、ほとんどいなくなった。

もちろん、まったく語らないわけではなく、葬儀などのおりには、死者が仏となって浄土へむかったと、言うことは言うだろう。だが、そこにどれだけの確信がこめられているのか、それはかなり怪しい。

そうであれば、出家ではない、私たち俗人はなおさらである。浄土の実在を信じることはひどく難しいものになってきている。

現代の日本人は、九九・九九パーセントが火葬される。死ねば焼かれて、遺骨になるわけである。

遺骨に死者の魂が宿っていることが前提にはなっており、遺族はそれを丁寧に扱い、火葬からしばらくときをおいて、墓に安置する。

墓に安置された遺骨は供養の対象になり、遺族は命日や盆、彼岸の折などに墓参りをして、死者の菩提を弔う。

それが今や当たり前の風俗になり、墓参りは盛んである。

ただ、こうした風習は、火葬が広まってからのものであり、実際には新しい。必ずしも伝統的なものであるとは言えないのだ。

土葬が一般的だった時代には、埋葬した場所には石塔などが建てられないこともあり、遺族がそこに参ることはなかった。

このように、私たちの死者の扱い方は時代とともに変化してきている。

しきたりや風習というものは、伝統的で古くからのものだという考え方が一般的だが、実際にはそれとは反対である。生活が変われば、しきたりや風習は変化する。その時代にふさわしいものしか、受け入れられないからだ。

しきたりや風習が変わるということは、死生観が変化するということでもある。

土葬の時代には、遺骨に死者の魂が宿っているという考え方などなかった。もし、そのように考えられていたとしたら、土葬した場所に供養に出向いたことであろう。

その代わりに、位牌が供養の対象になっていた。位牌は、家の仏壇に祀《まつ》られたり、これは今でも地方によっては見られるものだが、菩提寺にある位牌堂に祀られたりしてきた。

墓への関心が世間一般に広まるのは、火葬の普及以降のことである。

このように、葬り方が変わることでも、死生観は変化していく。今もそれは変化の途上にある。これからそれがどう変化していくのか、それほど遠くない将来においても、著しい変化が起こっているはずだ。

宗教によっても変わり、時代によっても変わる。それが死生観の根本的なあり方である。

神道の死生観は仏教の死生観とは異なるし、キリスト教やイスラム教の死生観も、神道と仏教、さらには儒教の影響を受けた私たち日本人の死生観とは異なっている。

この本では、世界の宗教の死生観を取り上げ、それがどのような特徴をもち、他の宗教とどの点で共通し、また異なっているのかを見ていくことにする。


あらかじめ予想されるように、西洋の死生観と東洋の死生観では大きな違いがある。さらに、同じ西洋の死生観でも、宗教が違えば、それは変わってくる。

死生観は、死後の世界についての考え方を含み込むことで、それぞれの宗教の世界観を示している。個々の宗教が、世界をどう把握しているのか。死生観は、そうした宗教的世界観と密接な関係をもっている。

この本では、まず、私たちに身近な神道と仏教における世界観を見ていく。その際には、仏教を生んだインドの死生観も考えていく必要がある。仏教の死生観は、インドの人々の世界観から生み出されたものだが、中国に取り入れられることで大きく変容し、私たち日本人は、その中国で変容した死生観を取り入れてきた。


一方で、西洋の死生観は、キリスト教やイスラム教、さらにはこの二つの宗教のもとにあるユダヤ教の死生観ということになるが、どれも宗教の性格としては一神教である。一神教における死生観は、東洋の多神教の死生観とは自ずから異なってくる。しかし、同じ一神教でも、個別の宗教によって死生観には明らかな違いがある。

死生観を理解するということは、それぞれの宗教の特徴を知るということでもある。グローバル化が進んだ現代の社会においては、日本でもそうだが、異なる死生観を抱く人々が生活をともにする状況が生まれている。

たとえば、日本でも、しだいにイスラム教徒が数多く生活するようになってきているが、イスラム教は基本的に火葬を禁じている。火葬が地獄の業火で焼かれることに通じていると考えられるからだ。

そこで、イスラム教徒が日本で亡くなれば、火葬ではなく土葬を希望する。ところが、日本では、今や土葬が可能な場所は相当に限られている。

日本人のなかには、すでに土葬を忌み嫌う感覚が生まれている。つい数十年前までは、土葬がかなりの数を占めていたにもかかわらずである。

そのときいったいどうすればいいのか。それは、イスラム教徒にとっても、日本人にとっても大きな問題である。死生観の違いが、社会的な問題を引き起こしていく可能性をもっているのである。

しかも、これは拙著『宗教消滅―資本主義は宗教と心中する』（SB新書）でも詳しく述べたことだが、日本だけではなく世界全体で、宗教の力は衰えている。近代の社会は、どうしても非合理的な宗教を否定する方向にむかってしまうからだ。

宗教の力が衰えていけば、それは死生観にも影響を与える。従来の死生観は、宗教という基盤を失うことで、信頼を得られなくなるのだ。

そうなると、どうなるのか。

今、人類全体がそうした状況に立ち至っている。イスラム教などは、むしろ盛んになっているように見えるかもしれないが、そうした世界においても、無宗教、あるいは無神論を標榜する人たちが確実に増えている。

いったい、それぞれの宗教の死生観は、これからどうなってしまうのか。この本では、それを含めて考えていきたいと考えている。

人は死んだらどこに行くのか――もくじ

第二章 「仏教」の説く極楽浄土

第四章　意外にシンプルな「イスラム教」のあの世

本文DTP センターメディア
本文写真提供 P29「春日宮曼荼羅」画像提供・奈良国立博物館（撮影 佐々木香輔）／P55「佛涅槃図」叡昌山本法寺／P65「當麻曼荼羅」画像提供・奈良国立博物館（撮影 森村欣司）／P67「沙門地獄草紙（沸屎地獄）」画像提供・奈良国立博物館（撮影 森村欣司）／P99「最後の審判」Nicku@shutterstock／P109「蛇にそそのかされるイブ」Lisa-Blue@iStock／P151「孔子肖像」1970s@iStock

第一章　身近な「神道」のあの世

とらえどころのない宗教

この本では、それぞれの宗教における死後の行方について考えていくわけだが、まず、神道について取り上げてみることにしよう。

神道は日本独自の宗教である。土着の宗教であるとも言える。そうした宗教は、神道のほかには存在しない。

また、神道は、日本以外の地域に広がっていないことも、一つの大きな特徴である。日本人の移民が多い、ハワイやアメリカ本土、あるいはブラジルなどには、神社も設けられ、神道が信仰の対象になっている。しかし、日系の人々ではなく、現地の人々のあいだに神道が広まったかと言えば、そうしたことはあまり聞こえてこない。神道は、あくまで日本人に固有の宗教であるということになる。

宗教学の世界では、それぞれの民族に固有の宗教を「民族宗教」としてとらえ、民族の枠を超えて広がった「世界宗教」と区別する。神道は、まさに民族宗教の代表である。

民族宗教の特徴は、開祖というものが存在しないところにある。たしかに神道には、この開祖にあたる存在が見出せない。開祖がいなければ、その開祖の教えもないわけで、教えがなければ聖典も作られない。

中世以降になると、神道のそれぞれの流派で理論化の試みが進められるが、それは一般の人々が信奉する教えといったものとは異なっていた。日常の世界のなかでどのように振る舞い、どのように行動すべきか、その指針になるものを与えてくれないからだ。

　神道にあるのは、基本的に儀礼であり、神を祀るという行為がもっとも重視されている。専門の神職は、そこに祀られた神に対して毎日祈りを捧げているし、神社を訪れる一般の人間も、神殿の前で祈りを捧げることになる。

　それが神道のすべてであるとも言えるわけで、中身は非常にシンプルである。仏教とは異なり、修行のようなものも用意されていない。

　神道が、宗教としてそれだけシンプルであるために、果たして神道は本当に宗教なのだろうかという疑問の声もあがってくる。

　実際、そこには政治的なこともかかわっていたのだが、戦前には、神道は「宗教にはあらず」とされ、仏教やキリスト教といった宗教とは区別されていた。仏教やキリスト教なら、開祖も教えも聖典もあり、それを信じる人たちは信者としての自覚をもっている。ところが、神道では、入信のための儀礼もないので、信仰の自覚をもっている人がほとんどいないのだ。

　信者かどうかを問うような世論調査では、自分は神道の信者だと答える人は二パーセント程度にとどまる。

ところが、別の統計では、それは神社の側の自己申告によるものだが、神道の信者は九〇〇〇万人を超えるとされている。

この二つの統計には大きな齟齬があるわけだが、九〇〇〇万人というのは、それぞれの神社が地域の氏子の数をすべて数え上げて、それを信者として報告したものである。だから、そのなかには、神道を信仰している自覚をもたない人々も数多く含まれている。仏教の信者であろうと、キリスト教の信者であろうと、その地域に住んでいれば、すべて氏子にカウントされるのだ。

その点で、神道は不思議な宗教であり、とらえどころがないとも言える。それを反映して、私たちは、神道のことについて考えてみることが少ない。

初詣などで神社を訪れたときには、社殿の前で祈りを捧げるが、そうした行為をするのは、そのときだけで、普段は神道のことも、神社のこともほとんど意識することはないのである。

死者が赴く「黄泉《よみ》の国」「根の国」とは

神道が、宗教とも言えるし、宗教でないとも言える性格のものなので、神道の死生観も曖昧で、死後に赴く場所についても必ずしも明確になっているとは言えない。

神道の考え方が何かは、『古事記』や『日本書紀』といった神話にもとづいて考えるしかないが、そうした「記紀神話」において、死者は「黄泉の国」、あるいは「根の国（根《ね》之堅州国《のかたすくに》）」に赴《おもむ》くとされている。

黄泉の国と根の国が、果たして同じものなのか、それとも違うものなのかははっきりしない。ただ、その性格は似ている。名称はともかく、神道において死者の赴く国が想定されていたことはたしかである。

『古事記』によれば、黄泉の国には、黄泉比良坂《よもつひらさか》を通っていくとされ、人間が住んでいる葦原中国《あしはらのなかつくに》と地続きになっているとされている。

『古事記』の物語では、イザナギとイザナミが国造りを行ったとされているわけだが、イザナミの方が先に亡くなってしまう。イザナギは、イザナミを追って、黄泉の国へ向かい、そこで再会を果たす。

イザナギは、まだ国造りが終わっていないので、イザナミに一緒に戻ってくれるように求める。

ところが、イザナミは、すでに黄泉の国の食べ物を口にしてしまっており、そこの住人になってしまっていた。そこで、黄泉の国の神々に相談してみると、いったん御殿のなかへ戻っていくが、その間に決して自分の姿を見てはならないと言い残す。

ところが、相談があまりに長くかかるので、イザナギはしびれを切らしてしまう。髪にさしていた竹の櫛の歯を一本折り、それに火を灯して御殿のなかへ入ってみると、イザナミの体には蛆がわき、八種類の雷神が生まれていた。

イザナギは、それを見て怖れおののき、黄泉の国から逃げようとするが、イザナミは、自分に恥をかかせたと言い、醜女たちにイザナギを追いかけさせる。

イザナギが、醜女《しこめ》たちに髪飾りを投げつけると、そこに山ぶどうの実がなり、醜女たちはそれを拾って食べ始めたので、逃げることができた。

それでも、醜女たちがさらに追いかけてきたうえに、雷神も追ってきた。それでも、イザナギは、なんとか策をろうして、逃げ延びることに成功する。

ところが、最後に、イザナミ自身が追いかけてきたので、イザナギは、巨大な岩を引っ張ってきて黄泉比良坂をふさいでしまう。その際に、イザナミが、葦原中国の人間の命を一日に千人奪うと言ってきたので、イザナギは一日に千五百の産屋《うぶや》を建てると言い返した。これで、この世では、一日千人が亡くなり、一日千五百人が生まれるようになったというのである。

この物語の最後の部分では、黄泉比良坂とは、出雲国の伊賦夜坂《いふやざか》のことであるとされている。それは、現在の島根県松江市東出雲町にあるもので、そこには、戦前に「神蹟黄泉比良坂伊賦夜坂伝説地」の石碑が建てられた。そこには、「千引岩《ちびきいわ》」と呼ばれる巨大な岩もある。

根の国の方は、オオクニヌシの物語のなかに登場する。オオクニヌシは、兄弟から危うく殺されそうになり、母親によって救われ、アマテラス（天照大神）の弟であるスサノオのいる根の国に行くようにと命じられる。

そこでオオクニヌシは、根の国に赴くが、いきなりスサノオの娘であるスセリビメに恋をし、結婚の約束を交わしてしまう。ところが、スサノオからは、都合四回にわたって試練を仕掛けられる。たとえば、野原に矢を拾いに行かされるのだが、オオクニヌシがそこに入った途端、火を放たれてしまうのだ。

なんとか、そうした試練をくぐり抜けたオオクニヌシは、スセリビメとともに黄泉比良坂まで行き、根の国を脱出する。そこまで追いかけてきたスサノオは、あきらめて二人を祝福するのだった。

黄泉の国も根の国も、ともに黄泉比良坂を通って行く場所とされている以上、二つの国は同一のものと考えられる。

このオオクニヌシについての話の前に、スサノオが姉のアマテラスと誓約を交わす場面が出てくる。スサノオは、黄泉の国から戻ってきたイザナギが、その国の穢れを嗅いだ鼻を洗った際に生まれた神だった。

スサノオは、イザナギに、母であるイザナミのいる根の国に行きたいと言い張って追放されてしまう。この点でも、黄泉の国と根の国は同一の場所と考えられる。

なぜ神道では他界観が発達しなかったのか

人は死んだらどうなるのだろうか。それは、神話が生まれた古代の人々が考えたことでもあるし、現代の人間が考えていることでもある。

現代では、火葬が一般化し、日本では火葬率が限りなく一〇〇パーセントに近づいている。これだけ火葬率が高い国はほかにない。

ただ、火葬率がこれだけ高くなったのは最近のことで、昭和五九（一九八四）年にはまだ九四パーセントだった。さらに遡って三〇（五五）年では五四・〇パーセントと半分を少し超えたくらいだった。明治二九（一八九六）年では、二六・八パーセントだった。火葬率が低いということは、土葬が珍しくなかったということである。

今では、土葬される人たちはほとんどいなくなり、火葬場が遠い山間部に限られるようになってきた。

けれども、一〇〇年くらい前までは、土葬の方がはるかに多かったわけで、そこからは、死者は地下にいるものととらえられた。そして、黄泉の国も、やはり地下に想定されたのだった。

黄泉の国は、生きているイザナギやオオクニヌシが赴くことができるとされていたわけで、地上の世界と行き来できることが前提になっていた。それだけ、死者の世界は、私たちの身近なところにあると考えられていたのである。

ここが、次の章で述べる仏教の他界観と根本的に違うところである。仏教の場合には、死者は、無事に成仏を果たせばという条件はあるが、西方極楽浄土《さいほうごくらくじょうど》に赴くとされている。西方極楽浄土は、はるか遠くの場所に想定されており、黄泉の国とはその点でまるで違うのである。

死者の赴く世界は、黄泉の国にしても西方極楽浄土にしても、現実とは異なる世界であり、「他界」であり、「異界」である。他界や異界をどのようにとらえるかは、一般に「他界観」と呼ばれる。

神道における他界観は、その後、『古事記』や『日本書紀』といった神話の時代の後ということになるが、それほど発展を見せなかったし、深められてもいかなかった。むしろ、黄泉の国への関心は失われていき、顧みられることがなかったと言った方が正しいだろう。

そこには、仏教の他界観の影響があった。仏教の方が、はるかに他界観が発達していて、神道のあまりに素朴な他界観は、それに太刀打ちできなかったのである。

そもそも、教えのない神道においては、思想的な面を深めていくことが難しい。仏教の場合には、釈迦の教え（正確には釈迦の教えとされたもの）をもとに、それをどこまでも深めていくことができる。その結果、死後には西方極楽浄土に生まれ変わることができるという仏教独自の他界観が形成された。

中世から近世の時代にかけては、神道と仏教が一つに融合することによって「神仏習合」という形が生み出されていく。日本の神は、本来、仏教の仏であり、それが日本の国土にあらわれたものだとする「本地垂迹説《ほんじすいじゃくせつ》」も生まれた。これによって、神と仏は一体のものとしてとらえられるようになったのである。

たとえば、中世においては、空海や最澄、あるいはそれ以降の比叡山の僧侶たちが中国から持ち帰った密教が流行し、宗教界を席捲することになるが、密教の中心的な仏である大日如来は、天照大神（アマテラス）として日本にあらわれたものだとする信仰が生まれ、それが広がりを見せた。天照大神は、大日如来を本地仏とする垂迹神だというわけである。

神社と寺院では「場」の意識が異なる

そうした神仏習合の枠組みのなかでは、神道の他界観をめぐって興味深いことも起こった。神社の境内が仏教の説く浄土と見なされたのである。

それを示しているのが、奈良の長谷寺の塔頭《たっちゅう》の一つ、能満院というところに所蔵されている「春日浄土曼荼羅《まんだら》」と呼ばれるものである。

春日大社は、藤原氏の氏神を祀る神社であったことから、藤原氏の貴族たちから信仰を集めるが、その藤原氏の氏寺となったのが興福寺であった。そこから、春日大社と興福寺は一体の関係にあるものととらえられるようになり、両者の関係を示すために、「春日宮曼荼羅」が数多く作られた。

春日宮曼荼羅は、画面の上の部分に春日大社の境内を描き、下に興福寺の境内を描いたもので、春日大社の上にはさらに、その神体山となる御蓋山《みかさやま》が描かれた。その御蓋山には、幾体もの仏像が浮かんでいるように描かれるのだが、それは、春日大社の祭神の本地仏なのである。これによって、春日大社と興福寺が一つに結ばれていることが明確になるわけである。

春日浄土曼荼羅は、こうした春日宮曼荼羅のバリエーションの一つで、画面の下には春日大社が描かれ、上には、阿弥陀如来を中心とした西方極楽浄土の姿が描かれている。これは、春日大社の境内が、極楽浄土に見立てられていることを意味する。

その際に、一つ考えておかなければならないことがある。

春日宮曼荼羅では、一般に春日大社の下に興福寺が描き出されている。実際、今日訪れてもすぐにわかることだが、こうした宮曼荼羅に描かれた光景は決して想像上のものではなく、現実を描き出したものであり、春日大社と興福寺はすぐ近くにある。奈良駅から興福寺を通りすぎると、春日大社の参道に入っていく形になっている。

では、極楽浄土が仏教の信仰にもとづくものであるならば、春日大社の境内が浄土として描かれるのではなく、興福寺の境内が浄土として描かれても不思議ではないはずである。むしろ、そちらの方が自然だ。

ところが、浄土は春日大社の境内に想定されているのである。

これはどういうことなのだろうか。

そこには、神社のあり方と寺院のあり方の根本的な違いが反映されている。

寺院は、本尊として仏を祀ってはいるが、その本質的な機能は、出家した僧侶が読経などの儀式を営み、仏法について研鑽を重ねていくことにあるわけで、出家である以上、僧侶は寺院で生活をしている。寺院は生活の場でもあり、その点では、かなり世俗的な性格をもっている。

たとえば、それは真言宗の総本山がある高野山を訪れたときに体験することでもある。高野山は山中にあり、人里離れた清浄な地だというイメージがある。だからこそ、多くの人が高野山に憧れをもつわけで、宣伝がされるときにも、そうした面が強調される。

ところが、実際に高野山を訪れてみると、そこには町が広がり、土産物店をはじめ、食堂や、果ては居酒屋まである。その光景は、多くの人がイメージしていた高野山とは大き

春日宮曼荼羅　奈良国立博物館蔵

く異なっているのではないか。

それも、高野山が僧侶たちの修行の場であるとともに、生活の場でもあるからである。そもそも中世の大規模な寺院は、そこにさまざまな人々が集う都市の性格をもっていた。その分、どうしても「俗化」は避けられないのである。

それに対して、神社の場合には、神に仕える神職はいるものの、神職はそこで修行を行うわけでもなければ、神道の教えについて学ぶわけでもない。しかも、彼らは出家したわけではなく、あくまで俗人である。生活の場は、神社のなかにはなく、その外に設けられている。

私はこうした事態をさして、神社は「神のための場」であり、寺院は「人のための場」であるという区別を行っている。神のための場である神社は神域として俗界とは区別され、清浄さが保たれている。だからこそ、浄土としてとらえることが可能になるわけで、生活の場でもある寺院の境内は、それにはふさわしくない。したがって、「興福寺浄土曼荼羅」は生まれず、「春日浄土曼荼羅」が作られたのである。

現在では、神社には必ず神主がいるようになっているが、神仏習合の時代には、必ずしもそうではなく、神社を管理するのは、その神社と密接な関係をもつ寺院の僧侶たちであった。彼らが、社前で読経などを行い、また、神道の理論についても、仏教の教義を援用する形で作り上げていった。その点で、神社は仏教の枠組みのなかに取り込まれ、浄土に比定されたと考えることもできる。

しかし、こうした神社の境内を極楽浄土としてとらえる見方が、神道のなかに取り入れられ、新たな展開を示していったというわけではない。その点で、中世から近世にかけての神仏習合の時代に、神道の他界観は発展を見せることがなく、また関心も向けられなかったのである。

「仙界」を見てきた少年

神道における他界観に新たに光を当て、それを発展させたのが、江戸時代後期の神道家、平田篤胤《あつたね》であった。

篤胤については、その弟子たちのなかから、今日的な観点からすれば、「神道原理主義」と言えるような過激で排他的な神道理論を唱える人間があらわれたこともあり、皇国史観の元祖であり、狂信的な国粋主義の思想家だという評価もなされている。

最近、このイメージを覆すために書かれたのが、吉田麻子『平田篤胤―交響する死者・生者・神々』（平凡社新書）だが、吉田は、倫理哲学の和辻哲郎が、篤胤のことを「狂信的国粋主義」の「変質者」と呼んだことや、最近亡くなった思想史研究者の安丸良夫が、篤胤の思想について、「人間の頭脳が考えうるかぎりもっとも身勝手で独りよがりな議論」と評した事実をあげている。

私もかつて、『日本を騒がせた10人の宗教家―宗教の本質とは何か』（静山社文庫）のなかで、篤胤を取り上げ、研究したことがあるので、和辻や安丸の評価には到底賛同できないと感じる。ところが、小説家の堀田善衛も、キリシタンについて書いた小説『海鳴りの底から』で、「平田篤胤という国学者の名を見ると、いまでも私はいい気がしない。なにやら気味が悪くなってしまう」と述べているのだった。

どうやら篤胤は、知識人に生理的な嫌悪感を抱かせる存在であるようだ。たしかに、一度著作に手をつけると、二〇日も三〇日もぶっ続けで、ほとんど寝ずに書き続けるなど、彼が過剰なものをもっていたことは事実であり、本居宣長の弟子たちからもかなり警戒されていた。

しかし、吉田も述べているように、篤胤の妻に対する愛情には深いものがあるし、貧しいなかひたすら研究を続けたところでは、学者の鑑であるとも言える。また、江戸に出てきた当座は、五代目市川團十郎の一座に入り、役者に読み書きを教えるかたわら、浄瑠璃語りを学んだこともあり、口語体で記された著作はとても読みやすい。決して、狂信的な国粋主義者として捨て去るべき思想家ではないのである。

その篤胤が湯島天神男坂に住んでいたときだが、文政三（一八二〇）年一〇月一日の午後四時頃、やはり国学を学んでいた屋代輪池《やしろりんち》（弘賢《ひろかた》）が訪れてきた。このとき篤胤は四五歳であった。

輪池が語るには、薬商人で、かつては篤胤の門人だった山崎美成《よししげ》（長崎屋新兵衛）のもとに、何年も天狗のもとで暮らした少年が来ていて、その少年が語ることが、篤胤が日頃言っていることと合致しているというのである。

この時代には、少年と同じように、神隠しにあって仙界を訪れた人間たちがいた。けれども、彼らは異界で経験したことを語るのに積極的ではなかった。ところが、その少年は饒舌で、自分が経験したことをなにもかもあけすけに語るというのである。

輪池の話に興味をもった篤胤は、少年に会うために出掛けていく。これがきっかけになって、篤胤は少年から、彼が天狗の世界で経験したことを聞き出す作業を続けるようになり、足掛け九年にわたって少年の面倒も見ることになる。少年からの聞き書きは、やがて『仙境《せんきょう》異聞《いぶん》』という書物にまとめられた。

篤胤が、山崎美成宅で少年にはじめて会ったとき、その寅吉と呼ばれる少年は一五歳だったが、篤胤の目には一三歳くらいにしか見えなかったという。それでも目つきは鋭かった。

初対面の篤胤はまず少年の脈をとった。脈はかなり弱く、六、七歳の子どものようだった。ただし、腹をさわってみると、小腹が充実していて、力があった。篤胤が漢方医学の伝統的な診断法である脈診を行ったのは、彼には医学の素養があり、少年に幻覚を見るような体の弱さがあるかどうかを確かめようとしたからだった。

篤胤は、仙界など神秘的な世界に興味をもっていたものの、一方で、医学や天文学など科学の方面にも強い関心をもち、天文学などは西洋のものも学んでいた。寅吉から話を聞く際にも、あたかも人類学者がインフォーマント（情報提供者）から話を聞くときのように、綿密に事実を追っている。そして、寅吉の話にもとづいて絵師に仙界の絵まで描かせているのだった。

そうした絵のなかには、仙界の舞人の姿をとらえたものなどもあった。数多くの舞人が輪になって踊る「七生舞の図」などは、かなり詳細に描かれ、舞人の配置を細かく記録した図もあわせて作成された。その点でも、『仙境異聞』はまさに仙界に赴いてそのありさまを記録する擬似フィールドワークの成果なのである。

「生まれ変わり」を通して冥界を研究

しかも篤胤は、この『仙境異聞』に続いて、『勝五郎再生記聞《かつごろうさいせいきぶん》』という同種の試みを書物にまとめている。

勝五郎というのは、武蔵国多摩郡中野村（現在の東京都八王子市東中野）の百姓源蔵の次男で、当時九歳であった。勝五郎は同じ郡の程窪《ほどくぼ》村の百姓で文化七年に六歳で亡くなった藤蔵という子どもの生まれ変わりだと称していた。藤蔵は、死後に冥界で産土神《うぶすながみ》である熊野権現に出会い、それがきっかけで勝五郎として源蔵の家に再生した。篤胤は、勝五郎にも会って話を記録し、それを書物にまとめたのだった。

篤胤は、勝五郎少年が再生したのは、産土神の計らいによるもので、その背後では、冥界を支配する大国主神の力が働いていると解釈した。今日的な観点からすれば、寅吉の話も、勝五郎の話も、夢として解釈すべき事柄であるかもしれない。だが、篤胤はそれを事実としてとらえ、自らの仙界や冥界についての理論の正しさを証明する材料として受けとろうとしたのである。

篤胤は、寅吉と出会う前の文化九（一八一二）年に、主著となる『霊能真柱《たまのみはしら》』を書き、翌年に出版している。

吉田によれば、篤胤が『霊能真柱』を著した目的は、「世界の創世記と日本の誕生」と、「死後の霊魂のゆくえについて」明らかにすることにあったとされる。この書物にはいくつもの図が掲げられ、そこでは世界がどのようになっているかが示されている。

その図には、上から天、地、泉の三つの世界が描かれ、それぞれが円で表現され、それが細くなった部分を通して結びつくようになっている。瓢箪のような形を思い浮かべて見ればいい。

泉が黄泉の国になるわけだが、篤胤はそれを「夜見国《よもつくに》」と呼んでいる。

その夜見国がどういうものかについては、情報がないのでわからないとしつつも、天に比べて重く濁っているとし、イザナギが『古事記』において「いな醜目《しこめ》穢《きたな》き国ぞ」と言ったことをもとに、「いと汚穢《きたな》き国なりけり」と述べている。

宣長は、その著作『古事記伝』のなかで、「貴きも賤《いや》しきも、善も悪も、死ねばみな、此の夜見の国に往」と述べていた。

ところが、篤胤はそれを否定し、「大国主神の治《ち》する、冥府《めいふ》に帰命《きみょう》ひまつればなり」と、冥府というところに赴くとしていた。

では、この冥府はどこにあるのか。それについて篤胤は、「抑、その冥府と云ふは、此顕国《うつしくに》をおきて、別に一処あるにもあらず、直ちにこの顕国の内いづこにも有なれども、幽《ゆう》冥《めい》にして、現世とは隔たり見えず」と述べていた。冥府からは、この世のことが見えるが、この世から冥府は見ることはできないとしていたのである。

寅吉のことを教えた輪池は、これを読んでいて、篤胤の主張が裏づけられると考えたのであろう。篤胤も、寅吉の話を聞いて、それを真実と考え、まったく疑っていない。

しかし、いくら篤胤が寅吉の話を事実としてとらえたとしても、それを否定することはいくらでも可能である。寅吉の話は、一種のオカルトに過ぎないからである。そこで篤胤は批判を受けることになり、死後に魂は冥府に赴くという考え方もそのまますんなりと受け入れられたわけではない。

柳田國男が描き出した日本人の神観念

ただ、この篤胤の考え方をもとに、日本人の死後の魂の行方を、もっと洗練された形で、あるいはオカルトとして否定されない形で表現したのが、日本の民俗学の開拓者であった柳田國男である。

この点に関連して、柳田を師とも仰いだ、民俗学者で国文学者の折口信夫は、「先生の学問」（『折口信夫全集　第一六巻』中公文庫）という文章のなかで、「とにかく平田翁の歩いた道を、先生は自分で歩いてゐられたことも事実なのです」と述べている。

その柳田が、死後の魂の行方について論じたものが、戦後すぐに刊行された『先祖の話』であった。

柳田は、この『先祖の話』の冒頭において、先祖ということばを、まず文字によって知った者たちが、単純に系譜上の筆頭に位置する一人だけを先祖と考えるのに対して、一般の日本人は昔から「先祖は祭るべきもの、そうして自分たちの家で祭るのでなければ、どこにも他では祭る者のない人の霊」として考えてきたと述べ、日本人の先祖についてのとらえ方を説明していく。

その際に柳田は、霊的な存在としての祖先に注目する。日本の家では、その家を継ぐ以外の人間が分家をし、新しく一家を構えるということがあるが、分家した庶民には「御先祖になる」ことを目標とする意識が働いているというのだ。

先祖は、家を統合する象徴的な存在である。日本において家や一門の結びつきが強固なのは、子孫が共通の祖先を祭り、自らも死後においてはその子孫から祀られることを願うからだ。かつて柳田は、そうした願いを「家永続の願い」（一九三一年刊行の『明治大正史世相篇』にある表現）と呼んだ。

先祖を祀るための行事として、柳田は正月と盆とをあげる。盆が先祖を祀るための行事であることは誰もが認識している。だが柳田は、正月と盆の行事に共通性があるとする。そのうえで、正月にそれぞれの家を訪れる「年神《としがみ》」という神が実は先祖であるという説を展開していく。正月と盆は、それぞれ年神棚と盆棚を臨時に設け、それによって祖霊を祀る共通した行事だというのである。

さらに柳田は、こうした先祖の霊についての観念を稲作農耕における神観念と結びつけていく。

柳田は、日本全国に、春には「山の神」が里に下って「田の神」となり、秋に収穫が終わると田の神は山に帰って山の神になるという言い伝えがあることを根拠に、田の神と山の神とが等しいものであると解釈する。さらにそのうえで、そうした神を祖霊と結びつけていく。

要するに柳田は、『先祖の話』において、全国各地のさまざまな行事を比較研究することによって、日本人の神観念を体系化していこうとしたのである。死者は、子孫によって祀られることによって「祖霊」へと昇華していくが、祖霊は仏教が説く西方極楽浄土のような遠いところに往ってしまうことはない。冬のあいだは、山の神として子孫たちが住む村里をのぞむ山の上にいて、その生活を見守っている。そして、春がやってくると田の神となって里に下り、農作業の無事を守護する。そのうえで柳田は、村全体で祀る氏神も、この祖霊であると考えた。さまざまな形をとってあらわれる神を、すべて祖霊としてとらえたところに柳田の神観念の特徴があった。

柳田の描き出した日本人の神観念は、すべてを祖霊に還元する点で、単純化されたわかりやすい考え方であった。そして、明らかに篤胤が説いた死後の魂の行方と重なってくる。

篤胤は、死後の霊が、冥府というこの世のどこかにある場所に赴き、そこから現世における暮らしを見守っているととらえた。柳田は、その篤胤の他界観を受け継ぎ、それをさらに発展させたのである。

あえて「異界」には深入りしなかった

しかし、それを日本の伝統的な神観念であると主張するためには、一つ大きな困難があった。それが仏教的な祖先祭祀との関係である。もし、柳田の説明する祖霊観が、仏教の影響によって成立したものであるとするなら、必ずしもそれを日本に固有な観念、「固有信仰」とは言えなくなってしまうからである。

篤胤には、日本人に固有の信仰ということにこだわるような傾向は見られなかった。だからこそ、篤胤はキリスト教についても研究したし、仏教についても研究したわけである。

むしろ、日本人に特有の信仰、あるいは固有の心理的傾向についてこだわりを見せたのは、篤胤が師と仰いだ本居宣長の方である。宣長は、中国などから影響を受けた精神のあり方を「漢意《からごころ》」としてとらえ、その価値を否定した。その点では、柳田は篤胤ではなく、宣長の影響を受けたことになる。実際、柳田は「仏教ぎらい」と評されてきた。

ただ、日本人の伝統的な祖霊観が仏教の影響を受けずに成立したものであることを証明するためには、盆の行事の成立や、死者を「仏」と呼ぶ慣習が仏教とは無関係に生み出されたことを証明しなければならなかった。それは極めて困難な作業である。なにしろ盆の行事は、中国で作られた経典、『盂蘭盆経《うらぼんきょう》』にもとづくものであることは明らかだからである。

柳田自身、自らの試みがいかに困難で無理な作業であるかを認識していた。たとえば、仏教者が盆を盂蘭盆会から生まれたと説いていることに対して、その説は「有名また平凡というばかりで、ちっともまだ証明せられてはいないのである」と述べている。これは明らかに言いがかりである。

こうした言い方からは、日本人の信仰世界が明らかに中国の、とくに中国仏教の影響を受けていることへの苛立ちが感じられる。実際、盆の行事が日本の固有信仰であることを証明しようとする柳田の試みには、相当な無理があった（それについて、詳しくは拙著『戦後日本の宗教史―天皇制・先祖崇拝・新宗教』筑摩選書を参照）。

柳田の仏教ぎらいは、一つには父親からの影響であった。彼の自伝的な著作として昭和三四（一九五九）年に刊行された『故郷七十年』（朝日選書）では、中年になって神主になった彼の父が、地蔵信仰に熱心だった祖母の死後、思いつめて家の仏壇を片づけ、仏具類をみな川に流してしまったと述べている。葬式も仏教を離れて神葬祭で行なわれたという。

そうした問題はあるにしても、柳田の説いた祖霊観は、篤胤の冥府についての考え方をもとに、それをより洗練された形態に昇華させたものだった。

篤胤は、冥府の存在を証明しようとして、異界に赴いたと称する人間から聞き書きを行ったが、そうした作業は、いくらそれを精緻に行っても、他人の納得を得られないものである。篤胤に対して、では、異界に連れていってくれと言っても、それができないからである。

その点、柳田は、近代の人間であったこともあり、あえて異界の実在を証明しようとする試みは行わなかった。

柳田は、東京帝国大学で農政学を学び、卒業後は農商務省に勤務し、明治三五（一九〇二）年に法制局参事官に任官された後、宮内書記官などを兼任し、大正三（一九一四）年に貴族院書記官長となっていく。

柳田は、そうした官僚時代に、『後狩詞記《のちのかりのことばのき》』（一九〇九年）、『石神問答』（一九一〇年）、そして『遠野物語』（同年）といった民俗学の著作を発表しているが、そのなかでももっとも名高い『遠野物語』は、岩手県の遠野地方の民話を集めたものである。そのなかには、神隠しに関連して、山中に隠れ住む山人の話や、異界の神と思われるオシラサマやザシキワラシについての話も含まれている。

もし柳田が、そうした物語をもとに、山中に山人の住む異界が存在すると想定し、神憑《かみがか》りに遭った人間から直接話を聞けば、それは篤胤が寅吉に話を聞いた場合と同じことになる。

しかし、柳田は、篤胤とは異なり、異界の実在を証明しようとする方向にはむかわなかった。ただ、『遠野物語』には、「願わくばこれを語りて平地人を戦慄せしめよ」ということばがあり、そこには篤胤と近い心性が働いていることが認められる。

柳田は、異界についての民話をあくまで物語に限定することで、オカルト的な方向にはむかわなかった。それが、彼の説く祖霊観に一定の信憑性を与えることになった。重要なのは、異界が実在することの証明ではなく、人々が納得できる形でいかに異界について語るかだったからである。

神道の世界観を民俗学が体系化

柳田が『先祖の話』を刊行するまで、日本人が、本当に柳田が説くような形で、死者の霊の行方を考えていたかはわからない。むしろそれほど明確ではなかったであろう。

しかし、先祖の霊は、墓ないしは仏壇に祀られ、子孫によって供養されるわけで、人々は、その存在を身近に感じていた。供養の目的は、死者の霊を成仏させ、西方極楽浄土に往生させることにあったわけだが、供養の期間は長く、それまでは自分たち子孫の生活する場からそれほど遠くへは行っていないと考えられたはずである。そうした感覚があったからこそ、柳田説が受け入れられ、それこそが日本人の祖霊観、さらには神観念を説明したものととらえられるようになったのである。

柳田の説くような祖霊観がいったいいつ成立したのかについてははっきりしないが、それが、農家のあり方と強く結びついていたことからすれば、村社会が成立するようになる近世に入ってのことではないかと予想される。

その点では、柳田説は、農家の他界観をまとめあげたもので、そこに制約があると見ることができる。少なくとも、田を耕すことがなく、近くに山のない都会の住人には、田の神も山の神も、その存在はピンとこない。

ただ、都会の住人も、家に死者が出れば、それをそれほど遠くはないところにある墓に葬った。一方では、狭い家には仏壇を設けなかった。そのため、死者は墓にいるという感覚が強まり、そこから残された家族の生活を見守っているという思いを生むことになった。つまり、柳田の他界観は部分的に都会の人々にも受け入れられたのである。

もちろん、先祖が子孫の生活を見守ってくれていると感じたとしても、それを神道の他界観にもとづくものとしてとらえることは少ないだろう。

だが、古代の神話から、篤胤の異界への強い関心、そして、柳田の祖霊観の確立を目指す情熱ということを見ていくと、そのルーツは明らかに神道の信仰に根差しているということになってくる。

神道は、もともとは宗教とは言えない、ただ神を祀るための試みにほかならない。

しかし、篤胤が登場するようになる江戸時代になると、神道に独自な思想があることを明らかにしようとする試みが行われるようになる。それが、明治維新の際の「尊皇攘夷」の考え方にも結びつき、さらには、明治政府の樹立にも影響を与えていくことになる。

それによって、神道の世界観がしだいに明確で体系的なものに変貌していくわけだが、民俗学は、それを一般の民衆にもわかりやすい形に変容させていったのである。

第二章　「仏教」の説く極楽浄土

「仏伝」に示された仏教の死生観

仏教と言えば、死との結びつきは強い。

なにしろ、現代においても、仏教式の葬儀によって葬られる人が少なくないからだ。最近では、葬儀の簡略化が進み、それにともなって葬式に僧侶を呼ばないケースも増えている。

もっともシンプルなスタイルは、火葬場に直行する「直葬」で、この場合には、火葬するだけで、通夜も葬儀・告別式もやらない。それだけシンプルなものなので、僧侶を呼んで、お経をあげてもらうこともないのだ。

直葬を選ばない場合には、やはり葬儀には僧侶を呼ぶ。日頃、お寺との付き合いがないというときには、葬儀社に頼み、僧侶を派遣してもらう。そうなれば、仏教式の葬儀が営まれ、死者には戒名が授けられる。

こうした仏教式の葬儀は、一種の社会的な慣行になっていて、葬られる故人の信仰とも、遺族の信仰ともかかわりがないことが少なくない。多くの日本人は、自分たちのことを「無宗教」だと考えていて、仏教徒としての自覚がないのだ。

ではなぜ、仏教式の葬儀が社会的な慣行として成立したのだろうか。

神道と死の結びつきについては前の章で説明したが、神道にも「神葬祭」と呼ばれる独自の葬儀の方法がある。ただ、神道の長い歴史に比べたら、神葬祭の歴史は浅い。

神葬祭が生まれたのは幕末の時代で、仏教の信仰を嫌った神道家や国学者がそれをはじめた。明治政府には、そうした神道家や国学者が多くかかわったので、政府は、神葬祭を奨励し、一時ではあるが、仏教に由来すると考えられる火葬を禁止した。

しかし、葬送をめぐる習俗をいきなり大きく変えることは難しい。火葬は二年も経たないうちに解禁されたし、神葬祭もさほど広まらなかった。やはり、神道においては死者の赴く世界が明確に説かれていないため、浄土に往生することを説く仏教には勝てなかったのである。

それだけ、仏教の死とのかかわりは深い。ある意味、仏教という宗教は、死ぬために存在しているとも言えるのである。

仏教の死との結びつきは、開祖とされる釈迦についての伝説に遡る。釈迦は、紀元前五世紀頃の人物とされるが、その時代はあまりに古く、また、インドでは歴史を正確に記述しようとすることに関心が向けられなかったため、その生涯について正確なところはわからない。もちろん、同時代の資料はなく、数々の伝説のなかから事実を見極めていくしかないが、それはとてつもなく困難な作業である。

したがって、「仏伝」と呼ばれる釈迦の伝記は、歴史的な事実を伝えるものではなく、伝説と考えるべきだ（この点について詳しくは、拙著『ブッダは実在しない』〔角川新書〕を参照）。

伝説であるということは必ずしも事実ではないということになるが、重要なのは、仏伝に示された死生観であり、仏教が死をどのようにとらえているかである。

釈迦は、王族の家に生まれ、結婚し、子どもまで儲けたものの、「生老病死」の苦に直面し、解脱するために出家する道を選択する。釈迦は、妻や子どもを捨て、親も捨てたわけである。

それだけ、釈迦の直面した苦は根が深いものであったとも言えるが、生まれること、老いること、病むこと、そして死ぬことにまつわる苦は、仏教に限らずインド宗教において、もっとも根源的な問題としてとらえられてきた。

「輪廻」のとらえかたの違い

ここで、生にまつわる苦が、生きることの苦ではなく、生まれることの苦である点が重要である。

人間が生きる上で、さまざまな苦に直面しなければならないことは、誰もが感じるところで、その重要性は理解できる。

しかし、生まれること自体を苦としてとらえることは、私たち日本人には理解が難しい。たしかに、苦の根源は人間がこの世に生まれることから発している。生まれなければ苦を感じることもないわけで、その点では、生まれることを根源的な苦としてとらえる見方があっても不思議ではない。

だが、私たち日本人はそこまで突き詰めては考えない。生きていれば、たしかに苦に直面しなければならないかもしれないが、反対にさまざまな喜びも感じる。楽しいことも嬉しいこともあり、充実した人生を送ることもできる。

ところが、釈迦はそのようには考えなかった。インド人はそのように考えないと言い換えることもできる。

苦の根源は生まれることにあり、生まれてしまえば、さらに老病死の苦にさいなまれることになる。

生まれることが苦であるなら、死こそが最終的な解決法になるはずだ。

ところが、インドには「輪廻」の考え方がある。

日本でも、仏教を取り入れるとともに、輪廻の考え方も取り入れた。だが、インドの考え方と日本の考え方では大きく異なっている。

日本人は、輪廻を「生まれ変わり」としてとらえる。たとえば、新しく赤ん坊が生まれたとき、その子どもが、最近亡くなった祖父や祖母に少しでも似ていれば、その生まれ変わりだと考える。その点で、輪廻は新しい生の誕生として歓迎もされてきたわけである。

それに対して、インドの人たちの考える輪廻は、生易しいものではない。仏教では、輪廻に関連して、「六道」ということが説かれ、「六道輪廻」と言われるが、この六道とは、死者の赴く先のことで、上から天道、人間道、修羅道、畜生道、餓鬼道、地獄道からなっている。

天道というのは、人間よりも優れているとされる天人が住まう世界で、日本では、神が住まう世界であるともされてきた。

その点では、人間道を超えた素晴らしい世界であるかのように思えるが、天人は解脱を果たしてはいないと考えられている。つまり、仏教の説く悟りには達していないとされ、輪廻のくり返しからは決して脱していないととらえられるのである。

以下、修羅道は争いや苦しみの絶えない阿修羅の世界、畜生道は知性をもたない畜生の世界、餓鬼道は絶えず飢えている鬼の世界、そして、地獄道は罪人が永遠に苦しむ世界である。

亡くなった人間は、輪廻していくことになるが、この六道のうち、どこに転生するかはわからない。それは、生きているあいだの行いによっても変わるが、もっと根が深い「業

（カルマ）」によって決定される部分もある。

要は、輪廻の先がわからず、しかもそれが永遠にくり返されていくわけで、天道や人間道に転生できたとしても、次にはどこに生まれ変わるか、それがわからないのである。

インドの人たちは、こうした輪廻のくり返しを恐れてきた。そして、そこから逃れるために解脱を目指した。解脱を果たせば、二度と輪廻することはないと考えられたのである。

涅槃は輪廻から脱した〝究極の死〟

釈迦が出家したのも、こうしたインドの考え方が背景にあったからで、彼は、輪廻をくり返すことからの解脱を目指して、出家し家族を捨てたのだ。

最初、釈迦は名のある宗教家の師匠のもとに弟子入りし、そこで苦行にいそしんだ。仏像のなかには、苦行の果てにやせ細り、あばら骨が浮き出ている「釈迦苦行像」といったものもあり、それは苦行の厳しさを象徴している。

だが、釈迦はいくら苦行を実践しても、いっこうに悟りが訪れなかったため、その苦行を中止し、山を下りる。そして、菩提樹の下で瞑想に入り、それで悟りを開いたとされている。

釈迦が悟りを開いたとき、その悟りの内容があまりに高度なものであるため、それを周囲の人間に説いても理解されないだろうと考えたとされる。そこで、そのまま「涅槃」に入ろうと考えた。涅槃とは、輪廻のくり返しから脱した究極の死のことである。

ところが、そこにブラフマー神があらわれ、釈迦に涅槃を思いとどまるように説得する。ブラフマー神は、創造と破壊の後に訪れる再創造を司る神であるとされ、仏教では「梵天」と呼ばれる。

釈迦は、ブラフマー神の説得によって、自らの悟りについて説くことになり、生涯にわたって説法の旅を続けていく。

この説法の旅は、釈迦が八〇歳になるまで続くが、亡くなったのは、「スーカラ・マッダヴァ」という食べ物を食べたからだとされる。この食べ物が何をさすのか、豚肉という説もあれば、毒きのこだという説もあり、はっきりしない。

釈迦は長寿ではあったものの、永遠に生きられたわけではない。そして、その死は涅槃としてとらえられるようになる。釈迦は、出家した目的がそうであったように、輪廻のくり返しから脱する究極の死を迎えることができたというわけである。

後世になると、釈迦が亡くなる場面を描いた「涅槃図《ねはんず》」が作られるようになる。

涅槃図の原型は、釈迦が右脇を下にして横たわっているもので、最初インドで二、三世紀頃に作られた。それが中国を経て日本にも伝えられるようになる。

長谷川等伯筆「佛涅槃図」　叡昌山本法寺蔵

日本でもっとも有名な涅槃図と言えば、長谷川等伯が描いたものだろう。これは、京都の日蓮宗寺院、本法寺に所蔵されているが、表装を含めると高さが一〇メートルもある巨大なものである。したがって、この寺で展示されるときには、二階まで吹き抜けの場所が使われる。東京国立博物館で開かれた没後四〇〇年の特別展「長谷川等伯」では、展示場の高さが足りず、下の部分が床に達し、さらに少し前に出ていた。

この涅槃図では、中央の檀の上で釈迦が右脇を下に横たわり、その周囲を弟子や信徒たちが囲んでいる。そのなかには、涙を流し、悲嘆にくれている人間たちもいる。さらに、そのまわりには、動物たちも集まってきていて、やはり悲嘆にくれている。

衆生は悲しんだわけだが、釈迦本人にとってその死は最終的な完成と見なされている。こうした死こそが、釈迦の教えに従う仏教徒の目標ともされた。だからこそ、涅槃図は仏像のはじまりであるガンダーラ仏の時代からくり返し作られ、描かれてきたのだ。

儒教や道教は仏教と対立するのか

仏教という宗教は、釈迦の悟りからはじまると言われているが、釈迦が涅槃に入ったのは、こうした死を遂げることによってである。とすれば、仏教の本当のはじまりは、実際にはこの涅槃にあったことにもなってくる。

神道の場合には、こうした解脱のようなことはないわけで、むしろ死を穢れとして嫌ってきた。神葬祭のような神道式の葬儀が長く生まれなかったのも、死を穢れととらえてきたからである。

となると、もし日本に仏教が入ってこなかったとしたら、いったいどうなっていたのだろうか。

神道が死を扱えないとしたら、どうやって日本人は死者を葬ったのだろうか。神道が、死を穢れとして嫌わず、葬儀も担うようになったのだろうか。それとも、神道とも仏教とも異なる別の宗教が導入されたり、新たに創造されたのだろうか。

その意味では、日本に仏教が入ってきたことは非常に大きかったと言える。

釈迦の涅槃の後、仏教という宗教はさまざまな形で発展し、周辺の諸国へ伝えられていく。そのなかには、中国も含まれ、そこから朝鮮半島を経て日本に仏教は伝えられた。

仏教における死に方を考える上では、仏教がインドから中国に伝えられたことが後に大きな影響を与えることになる。

中国に仏教が伝えられるのは紀元前後のことだが、重要なのは、すでにその時点で、中国には儒教と道教が存在したことである。日本の場合にも、仏教が伝えられたときには、すでに神道が存在したわけだが、素朴な神道と儒教や道教では、宗教としての性格が異なっている。

儒教も道教も、仏教と同様に、開祖にあたる存在があった。儒教は孔子が開き、道教は老子が開いたとされている。

孔子も老子も、釈迦と同様に、紀元前六世紀から五世紀くらいにかけての人物と言われており、その点で、歴史上実在したかどうかがやはり疑わしい。孔子のことばは『論語』に、老子のことばは『老子』に残されているとされるが、そのすべてが一人の人物の発したことばであるという保証はない。

ただ、『論語』や『老子』が残されたということは、開祖の教えがことばにして表現されたことを意味しており、それを土台にして、儒教と道教が発展していくことになる。

仏教が取り入れられた段階で、すでに中国に儒教や道教が存在したということは、それぞれの宗教の教えがすでに社会に浸透していたことを意味する。仏教は、中国に取り入れられた途端、この二つの宗教と遭遇し、衝突することともなったのである。

もちろん、仏教と比較して、儒教や道教の性格はかなり違うものだった。仏教は解脱を目指すことを中心に掲げているが、儒教の場合には、社会道徳を説くところに特徴があった。仏教は、開祖である釈迦が出家したところに見られるように、俗世間の価値観を否定する傾向が強いが、儒教はまるで反対である。

道教の場合には、そのなかに神仙思想を含んでいて、俗世間とは異なる世界に対して強い憧れを示している。俗世間から離れ、そうした世界に遊ぶことが理想だともされていた。その点では、仏教と近い部分をもっている。

だからこそ、中国に仏教が取り入れられると、「老子化胡説《ろうしかこせつ》」が唱えられた。これは、老子がインドにわたって釈迦になったという説である。そうした説が唱えられた背景には、仏教と道教の共通性があったわけである。

中国における仏教の変容

しかし、中国において仏教を変えていくのは、むしろ儒教の方だった。儒教は、社会生活を送る上でさまざまな徳目を説いたが、そのなかに、「孝」ということがあった。これは具体的には親に対して孝を尽くすことであり、要は親孝行の勧めだった。

それが一番よくあらわれているのが、中国で作られた経典、『盂蘭盆経』である。『盂蘭盆経』は、日本でも行われてきた盆行事の由来を物語った経典である。

中国や朝鮮半島、あるいは日本など、インド以外の地域で作られた経典は、一般に「偽経」と呼ばれている。偽物の経典だというわけだ。

ただ、大乗仏典の場合には、釈迦が亡くなったとされる時期から五〇〇年くらい経ってから作られたものである。その点では、これも偽経であるはずだが、そういうとらえ方はされない。インド以外で作られた経典が偽経とされるのは、インド的な宗教思想とは異なる部分を含んでいるからである。

『盂蘭盆経』は、偽経の典型で、いかにも中国で作られたという内容になっている。釈迦の弟子のなかに目連《もくれん》尊者がいたが、目連は、自分の亡くなった母親が地獄に落とされ、獄卒たちによってさいなまれ、食べ物をとることができないでいることを知る。そこで、母親を助けようと釈迦のもとを訪れ、その方法を教えてくれるように迫ったのだ。

その際に釈迦は、それが「安居《あんご》（雨期に僧侶が集まって生活する時期のこと）」の期間だったこともあり、その最後の日に、すべての修行者に対して食べ物を施すならば、母親にもそれが届き、食に困るようなことはなくなると教え諭した。目連は、これを実践し、それが盂蘭盆会のはじまりとなったというのである。

インドの場合には、輪廻からいかに逃れるかが重要な課題だった。ところが、中国の人々にはそうした感覚は伝わらなかった。中国の人々は、来世において、地獄に落とされるのではなく、よりよい世界に生まれ変わることを願った。『盂蘭盆経』でも、供養を行えば、餓鬼道を脱して、天道にいる天人に生まれ変わることができると説かれた。

こうした形で中国からインドに伝えられた仏教は変容していくことになる。中国仏教でも、解脱自体は仏道修行の目標とされたが、それは輪廻からの離脱を意味しなかった。むしろ、生きているあいだに仏道修行を積み重ねていけば、来世は、仏の住まう浄土に生まれ変わることができると考えられるようになったのである。

それによって中国では、浄土教思想が生み出されていくことになる。その際の浄土は、西方極楽浄土として考えられるようになり、そこには阿弥陀仏が住んでいるとされた。阿弥陀仏の住まう浄土に生まれ変わることが第一の目標に設定され、その手段となったのが、仏の名前を唱える「念仏」である。こうして「南無阿弥陀仏」の念仏が生まれることになる。

念仏は唱える者の極楽往生を保証してくれる

日本に仏教が入ってきた当初の段階では、仏教に対しては国を守る「鎮護国家」の役割が期待された。

ただ、日本に仏教が伝えられたのは六世紀のことで、仏教が誕生してからすでに千年もの時間が経っていた。

したがって、奈良時代の日本で広まった「南都六宗」は、今日存在する教団を組織する形での宗派とは異なり、学派としての性格が強かったが、空や唯識《ゆいしき》といった仏教理論を学ぼうとするものだった。日本がそうした仏教を取り入れたのも、その時点では、仏教が高度な仏教哲学にまで進化していたからである。

けれども、一般の人間からすれば、そうした高度な仏教哲学に関心が向くはずもない。それは、庶民だけではなく、当時の支配階級である朝廷や公家たちについても同じように当てはまることだった。

そのため、平安時代に入ると、中国から伝えられた密教への関心が高まる。密教は、特殊な儀礼を営むことによって、さまざまな「利益」を生むものであり、その即効性、現実的な効果に関心が向けられたのである。

ただ、密教の場合には、修行を重ねた密教僧に儀礼を依頼しなければならない。当然、その際には莫大な布施をする必要があった。

たとえば、密教の儀礼では両界曼荼羅と呼ばれる曼荼羅が掲げられ、その前で護摩《ごま》が焚かれるわけで、曼荼羅は煤けてしまい、ずっと使い続けられるわけではない。その点で、密教は、あくまで財力のある朝廷や公家のためのものだった。

それに対して、念仏の場合には、「南無阿弥陀仏」と唱えればいいわけで、庶民でもそれを容易に実践することができる。とくに、鎌倉時代にあらわれた法然の弟子たちのなかには、生涯に一度念仏を唱えれば、それで極楽往生がかなうという、かなり過激な主張を展開する者も出てきた。出家した僧侶が実践するさまざまな修行は「難行」とされたのに対して、念仏は誰もがそのまま実践できる「易行」であるともされていったのだ。

この念仏の価値をとくに評価し、宗教的な実践の中心に位置づけたのが、法然の浄土宗と、その弟子であった親鸞の浄土真宗である。だが、こうした宗派に属していない人間でも、念仏を極楽往生の手立てとして用いるようになっていく。念仏ほど簡単な実践はなく、それを唱えさえすれば極楽往生を果たせるというわけだから、念仏は大いに流行したのである。

念仏は、それを唱える者の極楽往生を保証するだけではなく、供養の際に唱えれば、死者をすみやかに極楽往生に導く役割を果たす。その点で、念仏は万能の道具だった。そして、仏教の信仰にもとづく死に方を確立するうえで、決定的な役割を果たしたのである。

「曼荼羅」が浄土の様子を表現

こうした念仏信仰が確立され、それが広まっていくうえで重要な役割を果たしたのが、さまざまな宗教美術である。宗教美術は、教えや観念の世界を具体的に目に見える形で表現することによって、人々を信仰の世界に導いていく役割を果たす。

浄土ということでは、第一にあげられるのが、平安時代初期以前に遡るとされる、奈良の當麻寺《たいまでら》に伝わる「當麻曼荼羅」である。

これは、縦三九四・八センチ、横三九六・九センチもある巨大なものである。日本で奈良時代に作られたという説もあるが、中国の唐で作られたという説もあり、制作年代ははっきりしない。

伝説では、蓮糸《はすいと》で織られたということになっているが、最近の調査の結果、経糸《たていと》が緯糸《よこいと》を包みこんだように織る「綴織《つづれおり》」の技法を用いた絹製だということが判明している。

この曼荼羅については中将姫伝説というものがある。藤原鎌足の曽孫《そうそん》であった藤原豊成という貴族の娘、中将姫は、淳仁《じゅんにん》天皇から後宮に入るよう望まれるが、それを拒み、出家して尼になる。そして、長谷観音のお告げにしたがって阿弥陀如来や観音菩薩に助けられ、一夜にして蓮糸で曼荼羅を織り上げたというのである。

この伝説については、それを物語る「當麻寺縁起」といった絵巻物が作られ、謡曲（能楽）や浄瑠璃・歌舞伎にもなった。また、現代では第一章でもふれた折口信夫が書いた『死者の書』という小説がよく知られている。

當麻曼荼羅は現在にまで伝えられ、修復も施されているが、残念ながら損耗が著しく、実物を見てもそこに何が描かれているのかほとんどわからない。

ただ、それを写したものがいくつも残されていて、そちらを見るとそこに何が描かれているかがはっきりする。描かれているのは、「浄土三部経」の一つで、そのなかで唯一中国において作られた可能性が高い『観無量寿経《かんむりょうじゅきょう》』に示された極楽浄土の有り様そのものである。

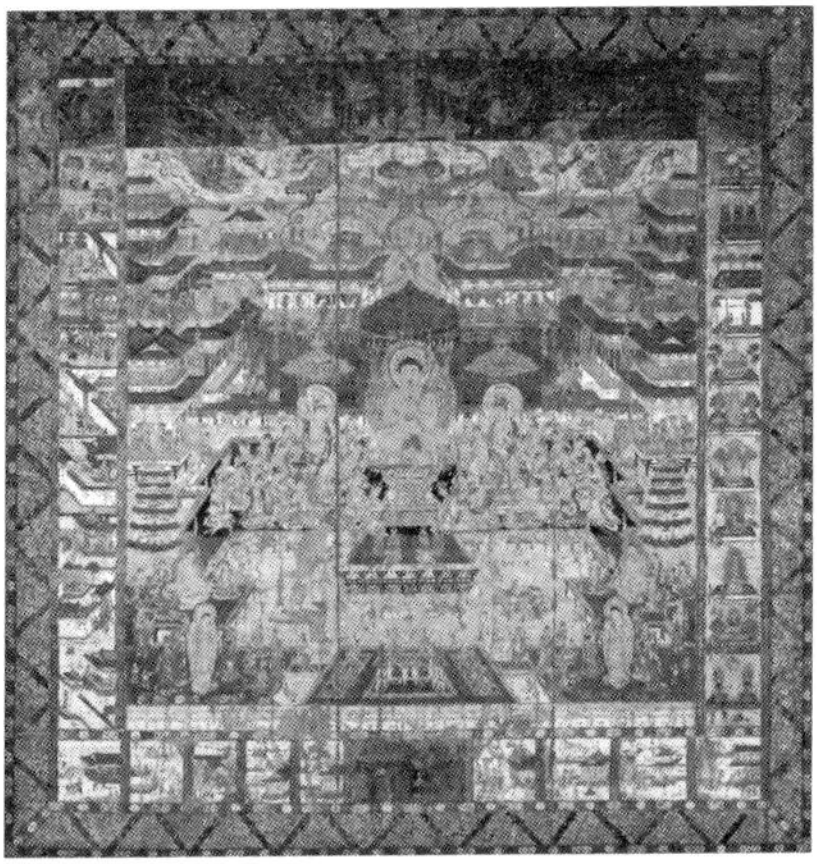

當麻曼荼羅　奈良国立博物館蔵

今の私たちが、この曼荼羅を見て、浄土に対する憧れの気持ちを抱けるかどうかは難しいところだが、当時の人たちは、曼荼羅を通して浄土の有り様をありありと目に浮かべ、それによって浄土に往生することを強く願ったのだった。

ただ、「當麻寺縁起」など、當麻曼荼羅の由来を語る文書があらわれるのは鎌倉時代になってからのことである。平安時代の末期には、現在は仏法が廃れた「末法」の時代であるとする末法思想が流行する。この思想は鎌倉時代にも受け継がれ、「鎌倉新仏教」と呼ばれる新しい宗派を生む契機になり、そうした流れのなかで浄土教思想が高まりを見せていくのである。

地獄の様子を詳説した『往生要集』

その際に、大きな役割を果たしたのが、恵心僧都源信《えしんそうずげんしん》だった。源信は平安時代中期の天台宗の僧侶で、比叡山中興の祖と言われる良源に入門し、そこで天台の教えを学んだ。

当時は著名な僧侶で、紫式部が書いた『源氏物語』に登場する横川《よかわ》の僧都は、この源信がモデルになっていると言われる。芥川龍之介の『地獄変』という小説にも横川の僧都が登場する。比叡山は東塔《とうどう》、西塔《さいとう》、そして横川の三つの地域に分かれているが、そのもっとも奥にあるのが横川である。

なんと言っても、源信の大きな業績は『往生要集《おうじょうようしゅう》』という書物を著したことにある。この書物は、いかにしたら極楽浄土への往生がかなうのかを記したもので、往生のためのいわばマニュアル本だった。

源信が巧みだったのは、『往生要集』において、まずは極楽浄土の姿を描くのではなく、最初に現世において罪を犯した人間が落とされる地獄の様子を描いたことにある。

地獄には八つの種類があり、それは「八大地獄」と呼ばれる。等活地獄からはじまって、黒縄《こくじょう》地獄、衆合地獄、叫喚《きょうかん》地獄、大叫喚地獄、焦熱地獄、大焦熱地獄、阿鼻《あび》地獄へと続いていくのだ。どの地獄に落とされるかは、現世において犯した罪の種類によって変わっ

沙門地獄草紙（沸屎地獄）　奈良国立博物館蔵

ていくのだが、源信はそうした地獄の有り様を描くことに多くのことばを用い、八大地獄を徹底して陰惨で悲惨なものとして描き出していった。

たとえば、八大地獄のうちで一番下にある阿鼻地獄は無間《むけん》地獄とも呼ばれる。無間とは絶え間のないことで、そこでの責め苦は永遠に続く。無間地獄に落とされた亡者は舌を抜かれたうえに、百本の釘を打たれ、毒虫などにさいなまれ、熱い鉄の山を上り下りさせられるのだ。想像するだけでも恐ろしい世界である。

そこには目的があった。恐ろしい地獄に落とされたくなければ、しっかりとした信仰をもち、念仏をくり返し唱え、極楽浄土への往生を目指すことが欠かせないことを強く印象づけるためだった。

その後、『地獄草紙』などと呼ばれる地獄の様子を描いた絵巻物が作られていくが、その際に、『往生要集』はその原作の役割を果たしていった。

「来迎」が往生の決定的証拠だった

一方で源信は実践者でもあり、慶滋保胤《よししげのやすたね》などとともに、「二十五三昧会」という宗教的な結社を作っている。

これは、毎月一度一五日に仲間が集まって念仏を唱えるものだった。しかも、仲間のうちの一人が重い病に陥ったときには、「往生院」という仮の建物を建て、そこに病人を移し、その周囲に仲間が集まって念仏を唱えた。これは病人を治すことを目的としたものではなく、死にゆく仲間が無事に極楽往生を果たすことを助けようとするものだった。

今、名前をあげた慶滋保胤については、源信ほどには知られていないが、文人で儒学者であり、『日本往生極楽記』という書物を著している。これは、その後に作られる各種の「往生伝」の嚆矢となるものだった。

名高い僧侶たちがどういう生涯を送ったかを記したものに「高僧伝」があるが、往生伝の場合には、僧侶だけではなく俗人についてもその生涯を記録し、いかに往生を遂げたかをつづっていくものである。

『日本往生極楽記』でも、その最初は、俗人であった聖徳太子である。全体に僧尼が多いが、「中古三十六歌仙」の一人で、公家で歌人であった藤原義孝をはじめ数人の俗人が含まれている。

こうした往生伝は、平安時代末期までに、大江匡房《おおえのまさふさ》『続本朝往生伝』、三善為康の『拾遺往生伝』と『後拾遺往生伝』、蓮禅の『三外《さんげ》往生記《おうじょうき》』、藤原宗友の『本朝新修往生伝』、如寂《にょじゃく》の『高野山往生伝』が撰述されている。比叡山首楞厳院《しゅりょうごんいん》の僧侶、鎮源が著した、法華経持経者についての『大日本国法華験記』というものもあった。

往生伝は、そこで取り上げた人物の信仰がいかに深かったかを述べ、最後に彼らがいかにして極楽往生を果たしたかを記録したものである。

そのハイライトは、往生を遂げる部分で、そこでは、顔が生きているようだとか、香気が部屋に満ち、音楽が天から聞こえてきたなどと述べられていた。さらには、阿弥陀仏や、その脇侍《きょうじ》である観音・勢至《せいし》菩薩を含む阿弥陀三尊、二十五菩薩が「来迎」したという記述もあった。

往生を果たしたときに、来迎はその決定的な証拠であると見なされていた。

たとえば、浄土宗を開いた法然の生涯をつづった絵巻物に、『法然上人絵伝』があるが、そのクライマックスは法然が往生する場面である。

法然は家のなかで、「涅槃図」の釈迦のように、右脇を下にして伏せり、手を合わせている。その光景は画面の右側に描かれている。左側には阿弥陀三尊が雲に乗って来迎する光景が描かれ、阿弥陀仏と法然とは光によって結ばれている。これこそが、法然が極楽往生を果たした証とされたのである。

　このように、来迎ということが重要な意味をもっていたので、阿弥陀仏や阿弥陀三尊が来迎する場面を描いた「来迎図」が作られるようになっていく。

　平安時代の代表的な来迎図が、有志八幡講十八箇院に所蔵される「阿弥陀聖衆来迎図」である。これは、縦が二メートルあり、横が四メートルを超える。三幅の来迎図の中心には、金色に輝く阿弥陀仏が来迎印を結び、その右下には往生する人間を金の蓮華ですくいとろうとする観音菩薩が、左下には立て膝で合掌する勢至菩薩の姿が描かれる。そして、その周囲を二十七体の菩薩が雲に乗って囲み、多くは楽器をもって音曲を奏でている。

　鎌倉時代の来迎図としては、知恩院の「阿弥陀二十五菩薩来迎図」がある。知恩院は浄土宗の総本山である。この来迎図の左側には、滝を含む険しい大きな山の姿が描かれ、右手下には経文を前に念仏を唱えている念仏者の座る寺が描かれる。阿弥陀仏は、他の二十五の菩薩とともに、滝の水のように左上から右下への流れる雲に乗り、菩薩たちは音曲に興じている。

　もう一つこの時代の特徴的な来迎図が、「山越阿弥陀図」である。これは、山の稜線の上に、阿弥陀仏が菩薩たちとともに半身をあらわしたところを描いたものである。

　名高いものとしては、金戒光明寺《こんかいこうみょうじ》所蔵のものと、京都国立博物館所蔵のものがある。

前者は三幅対になっていて、中央の阿弥陀仏は正面をむき、念仏者に相対している。それに対して、脇侍の観音と勢至菩薩は、左右対称で斜めを向いている。像自体に動きはないものの、まさにこれから山を越え、その絵の前で念仏を唱えている者の眼前に来迎しようとしているかのような印象を与える。

一方、京都国立博物館所蔵のものでは、阿弥陀仏は山と山のあいだに立っていて、やはり、今にもそこを超えてこちら側の世界に姿をあらわそうとしているかのように見える。他の菩薩たちも、その後に続こうとしている。

現世に浄土を表現するさまざまな宗教美術

當麻曼荼羅や絵巻、そして来迎図は二次元的な絵画表現になるわけだが、それを三次元的な空間によって表現したのが、阿弥陀堂であり、その前に広がる浄土式庭園であった。これは、浄土の姿を地上にあらわそうとする試みにほかならない。

主要な阿弥陀堂としては、宇治平等院の鳳凰堂をはじめ、九体阿弥陀像をおさめた浄瑠璃寺本堂、京都大原三千院の往生極楽院阿弥陀堂、そして、江戸時代の松尾芭蕉が、「五月雨の降残してや光堂」と詠んだ中尊寺金色堂があげられる。

宇治の平等院は、平安時代中期に栄耀栄華を極め、華麗な貴族文化を生み出した藤原道長の子、頼通によって、永承七（一〇五二）年に創建された。永承七年は当時、末法の時代に突入した最初の年とされた。

宇治は、『源氏物語』の「宇治十帖」の舞台である。平等院のある場所は、光源氏のモデルとされた左大臣、源融《みなもとのとおる》が九世紀に別荘を営んだところで、後に道長の手にわたり、「宇治殿」と呼ばれた。頼通は、これを寺院に改めて阿弥陀堂を建て、それを中心として浄土式庭園を築いた。

鳳凰堂の名の由来は、中堂の屋根の両端におかれた鳳凰像にあるとも、堂宇《どうう》全体が羽根を広げた鳳凰の姿を模しているからだとも言われる。中堂の左右にある翼廊《よくろう》と背後の尾廊《びろう》とともに、浄土式庭園の池に対して東向きに建っている。

池をはさんだ向かい側には、鳳凰堂を拝するための小御所が設けられ、そこからは、扉を開け放たれた中堂のなかに安置された阿弥陀仏を拝することができる。この配置が全体として西方極楽浄土を表現しているのだった。

鳳凰堂の手前の池は阿字池《あじいけ》と呼ばれ、阿弥陀仏の種字《しゅじ》である阿字をかたどっていた。創建当時は、鳳凰堂のほかに数多くの堂宇が建ち並び、宇治川や対岸の山並みも含めて、それ全体で西方極楽浄土を表現していたとされる。

その点で、平等院は壮大な試みであったことになるが、鳳凰堂の本尊である、定印《じょういん》を結んだ阿弥陀仏も重要である。これは、名匠とうたわれた定朝《じょうちょう》の作である。

定朝は、「定朝様」という新たな仏像の様式を生み出し、他の仏師にも大きな影響を与えたとされ、その代表作がこの平等院の阿弥陀仏である。ただし、定朝が制作したとされる仏像は各地に残されているものの、唯一確実な作品は、この阿弥陀仏しかない。

浄土式庭園の最初の試みとなったのが、藤原道長が寛仁四（一〇二〇）年に京都御所の東に建立した法成寺であった。この寺は、天喜六（一〇五八）年に全焼してしまい、その後再建されたが、建保七（一二一九）年に再び全焼し、それによって廃絶され、現在は存在しない。

この法成寺の様子は、『栄花物語』に記されており、そこでは、「池の水清く澄みて、色〱の蓮の花竝《な》み生ひたり。その上に皆仏顕《あらは》れ給へり。仏の御影は池に写り映じ給へり。東西南北の御堂〱・経蔵・鐘楼《しょうろう》まで影写りて、一仏世界と見えたり」とあり、そこからは、寺の伽藍が宝池に映し出されている様子がいかに重視されていたかが窺える。

伽藍の中心となる阿弥陀堂は、無量寿院と呼ばれ、そこには九体の阿弥陀仏が安置されていた。九体の阿弥陀仏を祀るという試みは、信仰心に応じて往生に九つの段階があるとする『観無量寿経』の教えにもとづくもので、無量寿院という名称もこの経典に由来する。無量寿院には、九体の丈六《じょうろく》（約四・八五メートル）の阿弥陀仏がならび、観音と勢至の両菩薩がその脇侍となり、さらには四天王によって囲まれていたとされる。

　九体阿弥陀堂は、当時、三〇棟以上創建されたが、そのうち現存するのは奈良に近い京都南部の浄瑠璃寺のものだけである。

　浄瑠璃寺では、簡素な寄棟造《よせむねづく》りの細長い平屋の本堂のなかに九体の阿弥陀仏と四天王とをおさめている。本堂の前には、大きな池が広がり、なかの小島には弁財天が祀られている。そして、向かい側の岸の少し小高くなったところに薬師如来を祀る三重塔が建てられている。

　この三重塔は、一条大宮から移築されたとも言われ、薬師如来を祀るようになったのは移築後とされる。本堂との関係からすれば、西方極楽浄土の阿弥陀仏に対比される形で東方浄瑠璃世界の薬師如来が祀られた形になっている。

　洛北、大原三千院の往生極楽院阿弥陀堂は、時代が下って十二世紀末に創建されたものだが、堂内には、定印ではなく、来迎印を結ぶ阿弥陀仏を中心とした三尊像が祀られている。脇侍となった観音・勢至菩薩は、ひざまずいて前かがみになっている。これは、来迎の様子を視覚化したものとされている。

　奥州藤原氏の初代にあたる藤原清衡が建立した中尊寺の金色堂は、その名が示すように、堂宇の内外に純金箔を貼った建物である。現在の金色堂は、鉄筋コンクリート造りの覆堂《おおいどう》によって覆われ、さらに内部のガラスケースに堂ごとおさめられている。創建されてから数十年後にはすでに霧よけが設けられ、やがて覆堂も作られていた。かつての覆堂は、境内に現存する。

金色堂の特徴は、堂内に三つの仏壇、須弥壇が設けられ、その下に、清衡からはじまる奥州藤原三代の基衡、秀衡のミイラ化した遺体が安置されている点にある。

須弥壇《しゅみだん》の上に安置された仏像も、すべてが金色に彩られている。それだけ、東北地方では金が豊富に産出されたということだろう。奈良時代に奈良の大仏の鋳造が進むなか、その中心にあった聖武天皇には、東北で金鉱山が発見されたという報がもたらされた。この金が、奥州藤原氏に、金色堂を作らせるだけの経済力を与えたのである。

実践的なことが浄土真宗の魅力

このように見ていくと、日本の宗教美術の歴史のなかで、浄土教信仰が与えた影響がいかに大きなものであったかがわかる。

ただ、ここまで述べてきたような宗教美術は、いずれも朝廷や公家、そして武家など、社会の上層階級のものであり、庶民とは無縁なものであった。

そもそも、仏教の信仰が明確に庶民のあいだに定着するのは、江戸時代に入って寺請制度が導入され、それぞれの家が地域の菩提寺の檀家となることが定められてからとも言える。その点では、平安時代から鎌倉時代にかけては、未だ庶民は仏教信仰による救いの対象にはなっていなかったことになる。

庶民のあいだに浄土教信仰を広げるうえで決定的な役割を果たしたのが浄土真宗だが、親鸞以降の浄土真宗は、しばらくのあいだ、確固とした教団を確立しているとは言えない状態にあった。親鸞の血を受け継ぐ代々の法主は、天台宗の門跡寺院である青蓮院でいったん出家得度する慣習になっており、浄土真宗の本山である本願寺も、その青蓮院の末寺に過ぎなかった。

浄土真宗を大きく発展させるのが、中興の祖とされる本願寺八世の蓮如である。蓮如は、応永二二（一四一五）年に生まれ、明応八（一四九九）年に没するが、越前の吉崎に吉崎御坊を建立し、そこを拠点に勢力を拡大していく。

蓮如は、「南無阿弥陀仏」の六字名号を授与したり、村々での念仏講を実践したりすることを奨励した。さらに、浄土真宗の教えを易しい手紙の形で説いた「御文《おふみ》（御文章《ごぶんしょう》）」を作り、それによって伝道活動を行うとともに、親鸞の筆になる「正信偈《しょうしんげ》」や『三帖和讃』の開版（印刷）などを行った。

親鸞の場合、今では、弟子の唯円がまとめたと考えられる言行録の『歎異抄』が広く読まれている。だが、主著となると、『教行信証』である。こちらは、浄土教信仰にかんする経文を集めたもので、親鸞はそれに注釈を施したりしているものの、内容は難しく、一般の信徒が読んでも理解できるものではない。

ただ、「正信偈」は、『教行信証』に含まれるものではあるが、偈という詩の形式をとっているために比較的わかりやすく、何より唱えやすい。

『三帖和讃』は『浄土和讃』、『高僧和讃』、『正像末和讃』からなるもので、こちらも七五調になっており、内容も易しい。蓮如は、親鸞の教えのなかでとくにわかりやすいものをピックアップしたわけだが、自身が書いた「御文」も、易しく書かれた法語である。

御文のなかでももっともよく知られたものが、「白骨の御文」と呼ばれるものである。これは、現在でも浄土真宗の葬儀において用いられるので、聞いたことがある人もいるだろう。

これは、「サレハ朝ニハ紅顔アリテ夕ニハ白骨トナレル身ナリ　ステニ无（無）常ノ風キタリヌレハ」と人生がいかに無常なものであるかを強調し、そのうえで、「後生ノ一大事ヲ心ニカケテ　阿彌陀佛ヲフカクタノミマイラセテ　念佛マウスヘキモノナリ」と、往生には阿弥陀仏を信仰し、念仏を唱えることが肝要だと説いたものである。後生とは、あの世に生まれ変わることである。

浄土真宗は、とくに北陸地方や広島で勢力を拡大し、現在もこうした地域には多くの信者がいる。浄土真宗では、信者のことを「門徒」と言う。ほかにも、九州や北海道に浄土真宗の門徒が多く、大都市にもかなり浸透している。

浄土真宗が重要なのは、日本人の多くが自分たちを「無宗教」であると考えるのに対して、信仰者としての自覚を強くもっている点である。四国などは、浄土真宗は弱く、真言宗が強い。だからこそ、四国八十八箇所の遍路が今も続いているわけだが、四国の人々は自分たちに信仰があるとは考えず、むしろ無宗教と考えている。四国の人たちが宗教的な実践をしていないとは思えないのだが、それを習慣、習俗としてとらえ、信仰としては自覚していないのである。

浄土真宗の中心となる教えは、「他力本願」である。このことばは、一般には人任せの意味で使われるが、浄土真宗では、そこに根本的な救済の可能性を見出そうとしている。「浄土三部経」の一つ、『無量寿経』には、法蔵菩薩が立てた「四十八願」というものが出てくる。法蔵菩薩は、阿弥陀仏が修行していたときの名前である。要するに四十八願は阿弥陀仏の誓いで、それが本願と呼ばれるのである。

とくに、親鸞の師となった法然は、四十八願のなかの「十八願」を重視した。それは、法蔵菩薩が、自らの名前となる阿弥陀仏の名前を一〇回唱えても往生できない人間がいる

三千院往生極楽院　　筆者撮影

あいだは、自分は阿弥陀仏になるわけにはいかないという誓いである。

これは、念仏による往生を保証したものと考えられ、法然の教えを受け継いだ親鸞は、それを他力本願の教えとして確立していく。阿弥陀仏によって往生はすでに定まっているのだから、それにすべてを委ねればいいというわけである。

浄土真宗の教えは、極楽往生という目標が明確に定められていて、念仏という実践の方法も用意されている。さらに、その念仏を唱え続ける門徒には救済が約束されているわけで、死後への不安を根本的に解消してくれる。そこが庶民には大きな魅力だった。

聴覚や視覚にも訴えて布教を促進

また、浄土真宗では、教えを易しく説く方法として「節談説教《ふしだんせっきょう》」というものが活用された。この節談説教は、明治に入り、浄土真宗の教団が、廃仏毀釈による打撃から立ち直るために近代化を目指していくなかで、その価値を否定され、実践は廃れていったのだが、節をつけて信仰にかかわるような話をわかりやすく説くものである。

この節談説教は、浪曲や講談、あるいは落語のもとになったとも言われ、庶民にとっては、娯楽の少ない時代における貴重な楽しみでもあった。

一九七〇年代に入ると、関山和夫氏の研究などで、この節談説教に再び注目が集まるが、その実際の姿を教えてくれたのが、俳優の小沢昭一氏の試みで、それは『節談説教：小沢昭一が訪ねた旅僧たちの説法（ドキュメント　また又「日本の放浪芸」）』というレコードにまとめられている。

私も、このレコードを聴いたことがあるし、それに刺激されて、節談説教の実演も見たことがあるが、感動的な物語を名調子で語る説教師の話には迫力がある。しかも聴衆は、聞きどころでは、手を合わせて「南無阿弥陀仏」と唱えることでそれに応えていく。これは「受け念仏」と呼ばれ、説教の場を盛り上げていくうえで極めて重要な役割を果たしている。逆に言えば、節談説教は、聴衆の門徒に念仏を唱えさせる機会を与えるものであると言うこともできる。

もう一つ、浄土真宗で実践された大衆向けの説法の手段が、「絵解き」であった。絵解きは浄土真宗以外の宗派でも行われるし、大道芸の一種ともなってきたが、浄土真宗の場合には、まず親鸞の生涯を描いた『本願寺聖人伝絵《でんね》』の絵巻物が用いられた。それによって、親鸞がどういう生涯を歩み、法然の教えにいかに忠実で、最後は本願寺に遺骸が祀られたことを教えるのである。

もう一つ、絵解きに用いられたのが、「二河白道図《にがひやくどうず》」である。これは、極楽往生を果たすための方法を示したもので、上段には浄土が、下段には現世の姿が描かれている。その間には河が流れていて、そこには一本の細い道が通っている。

その道を通っていけば極楽に往生できるわけだが、河の左は火が燃え盛り、右は水が渦巻いている。道から外れれば、それに呑み込まれ、命を落とすことは間違いない。しかも、現世の方角からは悪獣や盗賊が迫ってくる。それでも、向こう岸では阿弥陀仏が浄土へ来るようにと招いてくれていて、こちらの岸では釈迦仏が往生しようとする人間を励ましてくれているのである。

この絵解きを行うことによって、極楽往生がいかに難しいものか、そのためには生きているあいだにどういったことをしなければならないかを説くわけである。

このように、浄土真宗では、門徒たちの聴覚や視覚に訴えることで教えを伝えようとした。まさに大衆にも容易に理解できる方法が用いられたわけで、だからこそ浄土真宗は、庶民の宗派として日本の社会において勢力を拡大したのである。

朝廷や貴族、そして武家が注目した浄土教信仰においても、庶民をとらえた浄土真宗の信仰においても、決定的に重要なことは、いかに西方極楽浄土に生まれ変わるかであった。そのために、さまざまな実践が試みられたわけだが、そこで往生の対象となるのは、基本的に念仏を唱える人間本人である。本人の死に方があくまで問題になっていた。

死者を往生させる仕組みとして考えられた「追善供養」

ところが、それだけでは不十分である。というのも、亡くなった人間をいかに供養するのかという問題が残されているからである。

その点について、実は仏教は無力であった。というのも、仏教は、釈迦の悟りから発している宗教であり、仏道修行を実践する本人の救いが何よりも中心的な事柄になっていたからである。

もちろん、釈迦のように出家した人間であれば、自己の悟りだけを目指せばいい。しかし、一般の人間は出家ではなく、世俗の世界で生活する俗人である。俗人であるということは、家族とともに生きるということであり、その家に属する人間は自分だけが極楽往生を果たせばいいということでは済まない。家族のなかの死者をいかに往生させていくかが問題になってくるのである。

中国で、すでにふれた『盂蘭盆経』が生まれたのも、そうした課題があったからにほかならない。『盂蘭盆経』の思想は、インド仏教とは異なるものだが、中国人には、地獄に落とされた近親者をいかにして救い、極楽往生を果たさせるかに強い関心を抱いたのである。それは、日本人にも共通する願いだった。

その際に、仏教に影響を与えたのが、中国の儒教や道教だった。それによって「追善《ついぜん》供養」という方法が導入されたのである。

まず、道教には「十王信仰」というものがあった。十王とは、秦広王《しんこうおう》、初江王《しょこうおう》、宋帝王、五官王、閻魔王、変成王、泰山王、平等王、都市王、五道転輪王からなっているが、一番よく知られたのが閻魔王である。閻魔王は、地獄に落とされた亡者を裁くと考えられているが、他の王たちも死者を裁くことになる。

この十王信仰が仏教に取り入れられると、死後の法要と結びつけられた。初七日には秦広王によって裁かれ、その一週間後の二七日には初江王と、法要を重ねるごとに裁きが行われると考えられるようになった。ちなみに閻魔王は、五七日に亡者を裁くのである。

さらにそこに儒教の影響で、百箇日、一周忌、三回忌の法要が付け加えられた。儒教では、両親が亡くなった場合、子どもは三年にわたって喪に服する必要があるとされており、それが明けるのが三回忌にあたるわけである。

結局日本では、十王では足らず、三三回忌までの裁きを想定する十三仏信仰へと発展していく。そこに仏が登場するのは、それぞれの王には一つずつ仏が対応すると考えられたからである。

何より重要なことは、これによって「追善」という考え方が確立されたことである。追善は、残された生者が、死者に代わって善を追加するというもので、具体的には法要を行って、寺に対して布施をするという形をとることになった。法要は、寺で営まれるもので、住職に読経してもらい、死者の供養を行うわけである。

現代では多くの人が長寿をまっとうし、八〇代、九〇代まで生きられるようになってきた。

しかし、昔は、それほどの長寿をまっとうできるのはごく限られた人たちだけで、若くして亡くなる人は少なくなかった。また、乳幼児の死亡率も高かった。

長寿をまっとうすれば、それは「大往生」としてとらえられる。しかし、そこまで生きられなければ、遺族には死者の早すぎる死を悼む感覚が強くなる。そこで、死者を慰め、一刻も早く極楽往生がかなうよう追善供養にはげむことになった。

とくに江戸時代に入ってからは、江戸幕府の命令で、「寺請制」が敷かれ、それぞれの家は地域にある寺の檀家になることを強いられた。葬儀や法要は、そうした菩提寺が担うようになり、檀家としては布施を行って、その寺を支えなければならなかった。その際に、こうした追善の考え方は極めて重要な意味を担ったのである。

もちろんそれは、仏教界にとって都合のいい考え方である。布施が自動的に入ってくるからである。

だが、壇家の側も、法要をくり返すことで安心感を得ることができた。それは親に対する「孝」としてとらえられるわけで、遺族は孝を尽くしていることから満足感を得ることができた。また、孝を尽くすことは社会的な義務とも見なされており、その実践は周囲からも評価された。

日本では、死者は「仏」と呼ばれたが、追善供養がくり返されることで、本当の意味で成仏し、無事極楽往生を果たすことができるとされた。三三回忌や五〇回忌を「弔い上げ」として、個別の供養を止める目安とする慣習も生まれるが、それは、追善供養がくり返されて死者が成仏した以上、それ以上供養の必要がないと考えられたからである。

死は「ご先祖様」になるための出発点

前の章で、神道における死後の行方について考えるなかで、柳田國男の説についてふれた。仏教ぎらいの柳田は、日本人の先祖供養の考え方が仏教の影響を受けて形成されたことを否定し、死者は西方極楽浄土のような遠いところに行ってしまうのではなく、近くの山にいて、子孫の生活をずっと見守っているという考え方を示した。それこそが、「ご先祖様」のあり方だというのである。

柳田は、そうした先祖供養が仏教とは無関係に成立したことを証明するために『先祖の話』という本を執筆したわけだが、常識的に考えれば、そうした無理な理屈の通し方をする必要はない。

日本の先祖供養は、土着の神道と仏教が融合したところに生まれたものであり、柳田説は仏教の考え方と矛盾なく重なり合っていく。追善供養をくり返すことで成仏したご先祖様が祖霊となり、祖神となり、残された家族にとっては守護神の役割を果たすようになるというわけである。

こうして仏教的な死に方は、一つのスタイルとして明確に確立されたと言える。それは、村社会がはっきりとした形をとるようになった近世において生まれたものだが、村を構成するのが家であり、それぞれの家は先祖供養を実践することで子孫としてのつとめを果たし、それによって菩提寺を支えることで村自体を支えた。

そして、もっとも重要なことは、死に意味が与えられたことである。死は、ご先祖様になるための出発点であり、決して無意味なものではないのだ。

死者は仏壇に祀られ、近代になると、その遺影が家の居間などに飾られるようになる。生者は常に死者とともに生活し、死者に支えられながら生きていた。そのお返しに、生者は供養を欠かさず、死者の成仏を助けたのである。

柳田は、『先祖の話』を書いた際に、戦後における変化を予想していたと述べていた。柳田がこの本の原稿を書き始めたのは戦争の末期で、東京は連日空襲に見舞われていた。そうしたなかで、『先祖の話』は執筆されたのだが、そこに示された先祖供養のあり方は、今から振り返ると、一つの「完成形」を示すものであったと見ることができる。

一つのスタイルが完成するということは、それ以上先はないわけで、その後、完成形は崩れていく宿命になる。

それは、この章の冒頭で述べた葬儀の簡略化といったところに示されている。現在では、ご先祖様ということば自体が消滅しつつある。とくに都会では、日々、ご先祖様を祀っていると考えている人はほとんどいない。また、死後にご先祖様になることを目標にしている人となれば、皆無ではないだろうか。柳田が、今日の光景を見たら、自分の悪い予感が的中したことに、慄然とするかもしれない。

現代人の感覚と乖離してしまった仏教の他界観

現在でも、仏教式の葬儀によって葬られる人は少なくない。だが、追善供養の方は、檀家になるケースが少なくなったので、あまり行われなくなってきている。昔は、法事があるというのが、会社を休むときの便利な理由だったが、最近はそうした社員も少なくなったのではないだろうか。

そこには、すでに述べたように、長寿をまっとうした形で亡くなる人が増えたことが影響している。大往生を果たした以上、それ以上追善供養をする必要もないと考えられるわけだが、死者の亡くなる年齢が上になるということは、遺族の側の年齢が上がるということであり、供養が難しくなるということも関係している。

そこには、すでに述べたように、浄土に対する憧れがほぼ消滅したことも影響しているはずだ。昔は、現世における生活が過酷で苦しく、一刻も早く極楽往生したいという思いを抱く人間が少なくなかった。

しかし、現在では現世での生活は、そうした時代に比べればはるかに恵まれたものになっている。當麻曼荼羅の写しを見て、そこに描かれた極楽の姿を美しいとは感じるかもしれないが、そこに行きたいと考える人はほとんどいないはずだ。浄土はすっかり魅力を失ってしまっているのである。

その点では、長い年月を経て形成されてきた仏教の他界観は、時代遅れのものになってしまっている。社会が変化すれば、そこに生きる人間の考え方は変わっていかざるを得ないのだ。

とくに現在の場合、都市に暮らす人間が圧倒的に増えたことが大きい。柳田の説くような先祖供養は、山や田が出てくるように、農村にはぴったりのものかもしれないが、山も田もない東京のような都会ではそもそも成り立たない。都会人には、山の神も田の神も必要がないのだ。

その点で、仏教の説く死後の行方については、根本的な危機に直面していると言うことができるのである。

第三章　罪が「キリスト教」の天国と地獄を分ける

キリスト教における「福音書」の存在

ここまで二つの章を使って、日本に土着の神道と、外来の宗教ではありながら、日本にすっかり定着した仏教における死後の行方について見てきた。

この二つの宗教は、私たちにとって身近なものであるだけに、それぞれの宗教の死生観がいかなるものか、誰もが漠然とした形では理解している。だが、歴史を遡ると、いかに変化が激しいものであったかが理解できるだろう。

宗教というものは、変化するものなのである。

それは、これから述べていくキリスト教についても言える。神道の場合には、開祖が存在しない民族宗教であるだけに、そのはじまりがいつなのかを特定することができないが、相当に古いものであることはたしかである。

仏教は、紀元前五世紀あたりにインドで生まれ、その一〇〇〇年後に日本に伝えられた。それに比べれば、キリスト教のはじまりは新しい。開祖であるイエス・キリストについては、西暦の紀元前後に生まれたとされている。

歴史が新しいということは、キリスト教の場合、神道や仏教に比べて、そのはじまりについて詳しいことが判明している可能性が高いということである。

実際、イエス・キリストがどのような生涯を歩んだかは、新約聖書の「福音書」に記されている。

ただ、「福音書」に記されたことを、そのまま歴史的な事実だと考えるわけにはいかない。キリスト教の信仰をもっている人間にとっては、揺るぎのない事実であるかもしれないが、「福音書」の記述を裏づけるような同時代の文書が存在しないからである。

イエスが亡くなった後に、天啓を受け、信者になったパウロが書簡を残しているが、それを見てみると、最後の晩餐のことと復活のこと以外、「福音書」に述べられたイエスの言動は出てこない。この点はあまり注目されないが、かなり重要なことである。

文書のできた前後関係を考えると、「福音書」はパウロの書簡が書かれた後になってから編纂されたものである。

パウロは、直接イエスのことを知らなかったので、その言動についても認識していなかったと考えることもできる。

だが、そうなると、パウロはいったい何をもってイエスを救世主として信仰するようになったかの説明ができなくなる。

もう一つの可能性は、イエスの言動についての伝承は、パウロが伝道活動を展開していた時代には、まだごく断片的なものとしてしか伝えられておらず、詳しい伝承は「福音書」の作者が創作したという可能性である。あるいは、イエスの死後に、その偉大さを証明するための逸話がさまざまに語られるようになり、「福音書」の作者はそれを集め、まとめあげたということになるのかもしれない。

ただし、イエスの生涯を、「福音書」とは異なるものとして描き出すことができないことも事実である。それは、ほかに資料がまったく存在しないからである。だからこそ、キリスト教徒のあいだでは、今日まで、「福音書」の記述は真実であることが前提となってきた。

その「福音書」に描かれたイエスの生涯は、個々の「福音書」によって記述内容は異なっているものの、前の章で見た釈迦の生涯とはまったく異なっている。

「マルコによる福音書」では、まず、イエスに洗礼を施すことになる預言者ヨハネの活動から話がはじまっていて、イエスがどのような形で生まれたかについては何も記されていない。

それに対して、「マタイによる福音書」では、冒頭にイエスに至る系図が掲げられている。その系図は、旧約聖書の「創世記」に登場するアブラハムからはじまる。「創世記」におけるアブラハムは、信仰の深い人物として描かれており、イスラム教でも、このアブラハム（コーランではイブラーヒーム）が崇拝したのがアッラー（アラビア語で神を意味する）であるとされている。

そして、マリアが登場することになるが、マリアは聖霊によって身籠もったと述べられている。いわゆる「処女降誕」である。

「ルカによる福音書」になると、このマリアによるイエスの受胎と出産について、より詳しく述べられている。

イエスの酷たらしい死が出発点

このように、「福音書」によって異同があるわけだが、基本的にイエスの生涯は次のようなものであったとまとめることができる。

聖霊によって身籠もったマリアから生まれたイエスは、長じて、預言者ヨハネから洗礼を受けるが、その後、荒野をさ迷い、そこで悪魔からの誘惑を受ける。

この悪の存在から誘惑される話についてだけは、釈迦の物語とも共通する。釈迦も、菩提樹の下で瞑想に入ったとき、魔物による誘惑を受けたのだった。

悪魔による誘惑を退けたイエスは、各地をまわり、教えを説くとともに、さまざまな奇跡を行う。それは、貧しい者、病に苦しむ者を救うためのものであり、イエスは硬直したユダヤ教の信仰のあり方に対して、実践による批判を展開していく。

最終的に、イエスはエルサレムに入場し、そこで弟子であったユダによって裏切られ、十字架に架けられて殺されてしまう。

ただし、埋葬されたものの、死後復活し、弟子たちのもとにあらわれたとされている。旅を続け、教えを説いて廻ったという点では、釈迦の物語とも共通するが、イエスの場合には、既存の信仰体制に対する批判、あるいは権力体制に対する批判としての意味合いが強い。その点で、穏やかに説法して廻った釈迦とは行動の仕方が大きく異なっている。

私が大学院で学んでいた頃に刊行された書物に、新約聖書学者の田川建三氏による『イエスという男　逆説的反抗者の生と死』（三一書房）というものがあった。これは、イエスを権力に対する徹底した批判者としてとらえ直したもので、非常に興味深いものだった。

この本のテーマである死ということにかんして言えば、イエスは罪人として十字架に掛けられ殺されたわけである。しかも、その際にイエスは、天にむかって「わが神よ、わが神よ、なぜ私をお見棄てになったのか」と叫んだとされている。死に直面したイエスは、神を信じられなくなった、あるいは神に対する信仰に迷いを感じたと見ることもできる。

このイエスの死を、釈迦の死である涅槃と比べてみるならば、そのあり方はあまりにも違う。釈迦の死は、人生の完成としてとらえられるが、イエスの死は正反対のものであった。亡くなったときのイエスの年齢はまだ三〇前後と若く、磔《はりつけ》にされたのだからその死は相当に酷たらしいものだった。

キリスト教という宗教は、このイエスの酷たらしい死を出発点としている。キリスト教は、殺されたイエスが復活を遂げたということをもっとも重視し、そこに、やがて訪れる最後の審判のときにおけるイエスの再臨と人類全体の救済の可能性を見出そうとしたのである。

俗世を捨てることを重視する宗教

仏教の信者になるということは、釈迦のように悟りを目指し、最終的には輪廻から脱することにあった。

それに対して、キリスト教の場合には、イエスの再臨と最後の審判がすぐにでも訪れることが前提になっており、それを恐れ、強い信仰をもつことが求められていた。この世界はすぐにでも終わりを遂げる。その事実からキリスト教は出発したのである。

仏教の場合にも、煩悩にまみれた現世での生活は捨て去るべきもので、そこにしがみついている限り、悟りを開くことも、輪廻から逃れることもできないと考えられていた。

現世を否定するという点では、キリスト教も同じだが、その理由は異なっている。キリスト教では、すぐにでも現世は終わりを告げるという点で、現世の価値が否定されるのである。

こうした現世を否定する傾向は、最初に述べた神道にはまったく見られないことである。その点で、神道と仏教が異なっているように、神道とキリスト教は根本的に異なっている。

けれども、仏教とキリスト教のあいだには共通点があるということにもなってくる。

実際それは、この二つの宗教における実践の方法にも関係していて、現世が否定されることで、世俗の生活を捨てることが、どちらの宗教でも重視されるようになるのである。

仏教の場合には、僧侶はみな出家であり、世俗の生活を捨てて、仏道修行の道に入る。キリスト教でも、聖職者や修道士は世俗の生活を捨てる。

どちらの宗教でも、世俗の生活を捨てた人間は結婚することはなく、生涯独身を守り、家族をもたない。そこで、俗人とは異なる人生を歩むことになるのである。

こうした仏教とキリスト教の共通点は興味深いものであり、世界のほかの宗教と比較して考えるときには極めて重要なポイントにもなってくる。

その際に、一つ注目しておかなければならないのは、このように世俗を捨てることの価値は、とくに仏教とキリスト教で強調されることではあるものの、他の宗教ではそれが見られないという点である。

もう一つ世俗を捨てることを重視するのは、仏教を生んだインドの伝統的な宗教であるヒンズー教の場合である。

輪廻からの解脱は、仏教だけが目指したものではなく、インドの宗教全体に共通して言える根本的なテーマであり目標である。

インドでは、家族を作り、仕事をやり遂げた後、社会生活から引退し、最後は家族を捨てて流浪の生活に入り、そのまま野垂れ死にしていくことを理想とする考え方がある。それによって、あらゆる煩悩から解放され、解脱できるというのである。

最後の審判（ギュスターヴ・ドレ）

この理想は、現在でもインドでは受け継がれていて、功なり名なりを遂げた人物が、すべてを捨て、裸ないし裸同前の姿で各地を流浪し、解脱のための修行を実践することが行われていると言われる。

ただ、その場合、出家した人間は個人で生活することになるが、仏教では出家した人間は僧院や僧団に入り、集団で生活する。そこに仏教の独自性があり、だからこそ、インドの伝統的な宗教とは異なる道を歩んでいったものと考えられる。

キリスト教は、世俗を捨てるということで、インドの宗教に似ているわけだが、出家した人間たちが集団で生活をするという点では、仏教と似ている。

キリスト教において、世俗の生活を捨て、すべてを神に捧げた人間は、一方では、司祭、あるいは神父となって教会を活動の拠点とし、儀式を司ることになる。

その一方で、自分たちの信仰を深めるために修道院に集ったのが修道僧たちである。彼らも、司祭や神父と同様に、世俗の生活を捨てているわけだが、とくにその面を実践の中心におき、「清貧」な生き方を実践することを目的とした。それは、イエスの生き方を真似ることであり、それこそが神に近づく道であると考えられたのである。

「最後の審判」はいつ訪れるのか

キリスト教では、すでに述べたように、最後の審判のときが切迫しているというのが、その基本的な認識だった。その審判から救われるためには、一刻も早くキリスト教の信仰を受け入れ、それを確固としたものとしていくことが必要であると考えられた。

ところが、最後の審判はすぐには訪れなかった。しかも、イエスが亡くなってから、すでに二〇〇〇年が過ぎても、未だにその再臨という事態は起こっていないし、最後の審判は行われてはいないのである。

その点では、キリスト教の信仰は偽りのもので、信じるに値しないものであったと判断することもできる。

しかし、当初の段階では、それを堅く信じ、迫害を受けても、信仰を捨てない人間たちが数多くあらわれた。キリスト教に対して迫害が少なくなかったからである。彼らは、それによって「殉教者」となった。

殉教という行為は、キリスト教が生まれた当初の段階から高く評価されていた。それも、イエス・キリストが酷たらしい死を遂げたということが深く関係していた。殉教するということは、イエスに近づくこととして解釈されたからである。

やがてキリスト教において、殉教者は「聖人」として祀られるようになる。聖人は聖者とも呼ばれるが、たとえば、ヴァレンタイン・デーゆかりの聖ヴァレンタインは聖人の一人である。

カトリックにおいては、聖人を認定するための制度が確立されている。最初は、聖人の前段階として「福者」に認定されることになるが、奇跡を起こしたことが証明されれば、聖人として認められる。

聖人はキリスト教の信者たちの信仰を集め、やがてそれは聖人にまつわる遺物を崇拝の対象とする聖遺物崇拝に発展していった。聖人の遺骨などが信仰の対象となり、それを祀るための教会が各地に建てられていった。

聖人に祈りを捧げれば、それで願いがかなうという信仰が生み出されたわけだから、それはご利益信仰であり、日本人の八百万の神々に対する信仰と変わらない。その点で、キリスト教は一神教でありながら、多神教としての側面を有しているということにもなってくる。

こうした聖人崇拝が生み出されていくのも、最後の審判がなかなか訪れなかったからである。最初迫害を受けていたキリスト教も、ローマ帝国の国教としての地位を与えられることによって、その版図のなかに広く浸透していった。

最後の審判が訪れないのであれば、日常の生活が当分のあいだ続くことを前提としなければならない。それによって、否定されたはずの世俗の生活に価値が見出されるようになっていく。キリスト教はその点で、しだいに変質を遂げていったのである。

ローマ教会の組織はピラミッド型

そうした状況のなかで、キリスト教は教会組織を確立していくようになる。

現代の日本の社会には、数多くの組織が存在し、社会を機能的に運営していくためには、組織の存在が不可欠であると考えられている。

しかし、こうした事態は近代になってから生まれたもので、近代以前に組織はそれほど発達していなかった。それは、キリスト教の浸透したヨーロッパについても言えることである。近代以前のヨーロッパにおいて、最大で最強の組織がキリスト教の教会であった。

ここで言うキリスト教の教会は、主にカトリックの教会、ローマ教会のことを指すが、その頂点にはローマ教皇が君臨している。

教皇は法王とも呼ばれるが、ローマ教会においてもっとも権威ある存在であり、「イエス・キリストの代理者」であると見なされている。

その権威の高さを象徴しているのが、「教皇不可謬説」である。これは、ローマ教会における比較的新しい教義で、一八七〇年の第一バチカン公会議で正式に宣言された。

それは、ローマ教皇が「信仰および道徳に関する事柄について教皇座（エクス・カテドラ）から厳かに宣言する場合、その決定は聖霊の導きにもとづくものとなるため、正しく決して誤りえない」というものである。

簡単に言ってしまえば、教皇の発言にはいっさい誤りがないというわけである。もちろん、カトリックの信者でなければ、その点を認めることはないが、信者にとっては、教皇の発言は絶対的なものなのである。

ローマ教会は、この教皇を頂点に戴き、その下に枢機卿《すうききょう》がいる。さらに司教、司祭、助祭といった聖職者がいて、一般の信者はその下に位置づけられている。ローマ教会の組織は、完全なピラミッド型になっているわけである。

教会の力を示す「七つの秘跡」

宗教改革によって誕生したプロテスタントの場合には、まずいくつもの宗派に分かれていて、全体は統一されていない。しかも、プロテスタントの牧師は、世俗の世界を捨てたわけではなく、一般の信者と同様に俗人である。これは、宗教改革を主導したマルティン・ルターが妻帯したことからはじまる。

プロテスタントの各宗派は、それぞれが独立しており、カトリックに比べれば組織の規模は小さい。しかも、聖職者は俗人であるため、ピラミッド型の組織構造にはなっていない。

組織として発展したカトリックにおいては、教会に信者を救済する力があると考えられている。正確に言えば、教会にしか救済の力はないと見なされているのだ。

そうした教会の救済の力を具体的に示しているのが、「七つの秘跡」と呼ばれるものである。これは、「洗礼」、「堅信」、「聖体」、「ゆるし」、「病者の塗油」、「叙階《じょかい》」、「結婚」からなっている。

洗礼は、キリスト教の信者になったことを証明するものであり、「福音書」においてイエスが洗礼者ヨハネから受けた洗礼に遡る。カトリックでは幼児洗礼が一般的である。

堅信は、洗礼を受けた後、一定の期間が経って信仰が固まった段階で堅信礼と呼ばれる儀式を受けるものである。これによってミサ（聖体拝領）に預かることができるようになる。

聖体は、イエスの血と肉体を示すもので、ミサにおいては「ホスチア」と呼ばれる発酵していない薄いパンを司祭から口に入れてもらうものである。

ゆるしは、「懺悔」、「告解」のことで、信者が定期的に司祭に対して自らの罪を告白し、神の許しを得るものである。

病者の塗油は、一九七二年に見直しが行われるまで、「終油の秘跡」と呼ばれていた。終油の秘跡は、臨終を迎える者に対して、司祭が目、鼻、口、耳、手、足に香油を塗り、罪の許しと神の恩恵を願う祈りを唱えるものである。病者の塗油となったことで、その範囲は病人にも拡大された。キリスト教における死に方ということでは、終油の秘跡の存在が重要である。

叙階は司祭になるための儀式を言い、結婚も秘跡の一つに数えられている。

こうしたカトリック教会における七つの秘跡は、人生の重要な段階で経験する「通過儀礼」ということになるが、こうした制度が確立されることによって、信者は教会の与えてくれる秘跡に預かるならば、救われると考えられるようになっていく。逆に言えば、秘跡に預かることができなければ、救われないというわけである。

つまり、誕生したときに洗礼を受けなければ、本当に人として生まれたことにならず、結婚も教会であげなければ正式なものとは見なされない。そして、終油の秘跡を受けなければ、罪深いまま亡くなり、地獄に落とされることになると信じられたのである。

重要な意味を持つ「原罪」の概念

地獄のことは、旧約聖書にも新約聖書にも登場するが、それに具体的なイメージを与えることに大きく寄与したのが、一三世紀から一四世紀にかけてのイタリアの詩人で政治家でもあったダンテの『神曲』である。

『神曲』は、「地獄篇」、「煉獄篇」、「天国篇」の三部からなる長編の叙事詩である。深い森のなかに紛れ込んだ作者は、古代ローマの詩人であるウェルギリウスと出会い、ともに地獄、煉獄、天国を経巡っていく。

興味深いのは、そこで示された地獄が九つの圏からなっていて、下の圏に行けば行くほど、罪が重くなるとされている点である。これは、前の章で見た仏教の八大地獄と構造が似ている。人間の想像力には文化を超えた共通性があるということだろう。

最下層の第九圏は、「裏切り者の地獄」と呼ばれていて、もっとも重い罪である裏切りを犯した者は、そこで永遠に氷漬けにされるのである。

ここで重要なことは、罪の存在である。キリスト教のカトリックにおいては、「原罪」の観念が存在する。プロテスタントにおいても、同じ考え方をする宗派が多い。

ただ、ユダヤ教には原罪の観念はない。ユダヤ教とキリスト教では、旧約聖書をともに聖典と位置づけているにもかかわらずである。ということは、キリスト教において、はじめて原罪の観念が生まれたことになる。

原罪とは、人類の始祖であるアダムとイブから受け継がれた罪であるとされており、人間そのものが罪深い存在であるということになる。

旧約聖書の「創世記」では、世界の創造、そして人類の創造について語られている。そこに始祖としてのアダムとイブが登場するわけだが、彼らはエデンの園と呼ばれる楽園で生活していた。

神は、二人に対して、そこに生えている木から実をとって食べてもいいが、中央に生えている善悪の知識の木からだけは食べてはならないと命じる。

ところが、イブは蛇から誘惑を受ける。蛇は、善悪の知識の木から実をとって食べても決して死ぬことはないし、目が開き、神のように善悪を知ることができるようになると、イブを誘ったのである。

イブは、その誘惑に乗り、アダムにも実を渡す。実を食べた二人は、たしかに目が開くが、自分たちが裸でいることを知って、恥ずかしいと感じるようになり、イチジクの葉をつづり合わせて、それで腰を覆うようになる。

このことを知った神は、誘惑した蛇を呪い、さらに、アダムとイブに対して、これからは、苦しんで子を生み、生涯食べ物を得ようとして苦しみ、最後は塵に帰るようになると言い渡す。そして、二人は神によって楽園を追放されるのである。

これと同様の物語は、さまざまな民族の神話に見られるもので、必ずしも旧約聖書を編纂したユダヤ人に特有のものではない。第一章で見たように、古事記のイザナギとイザナミの物語でも、イザナギはイザナミとの約束を破ってしまう。

アダムとイブは、神の命令に背くという罪を犯したことになるわけだが、ただ、この「創世記」に記された物語だけでは、キリスト教において原罪の観念が確立されたととらえることはできない。だからこそ、「創世記」が聖典に含まれるユダヤ教には原罪の観念が存在しないのである。

ところが、初期の時代のキリスト教の理論家たちは、人類すべてがアダムとイブの罪を受け継いでいるととらえるようになり、イブを誘惑した蛇は悪魔であると解釈するようになっていく。「創世記」では、蛇を悪魔と結びつけるような記述はいっさいなかった。

キリスト教において原罪の観念が成立するうえで決定的な役割を果たしたのがアウグスティヌスである。彼は、原罪はアダムに由来するものであり、男女の性交によって遺伝するととらえた。これによって、原罪は性にまつわる罪としてとらえられるようになったのである。原罪の観念が成立するうえで、この点は極めて重要である。

蛇にそそのかされるイブ（ギュスターヴ・ドレ）

仏教の基本的な戒律に、「五戒」というものがある。これは、出家だけのものではなく、在家の信者にとっての戒めでもあるとされるが、そのなかに、邪な性関係を戒める「不邪淫戒」がある。

原罪には不邪淫戒と似たところがあるが、より根源的である。というのも、人類の始祖にまで遡るとされたうえに、性交によって遺伝することで、あらゆる人間がその罪を免れることができないとされたからである。邪淫は遺伝するわけではない。

罪を償えなければ地獄に落ちる

考えてみれば、原罪ほど恐ろしい考え方はない。アウグスティヌスが、そうした形で原罪をとらえたのは、彼自身がキリスト教に改宗するまで、淫蕩な生活を送っていたからである。彼は改宗する前、善悪二元論を特徴とするマニ教の信者であった。

原罪であるからには、人間であれば、誰もがそこから逃れることができない。となれば、人間は自らの罪の深さにおののき、ひたすら神にすがるしかないわけだが、ローマ教会は、秘跡という形で罪を逃れるための手立てを提供した。その点で、教会制度の確立と、原罪の強調とは表裏一体の関係にあった。

教会は原罪を強調し、信者に対して罪人としての自覚をもつように促す。しかも、その罪から逃れるためには、教会に帰依し、秘跡に預からなければならないとした。そして、罪を償うことがないまま亡くなれば、地獄に落ちることになると説いたのである。

これは、構造としては、仏教における浄土と地獄の説き方とも共通する。仏教では、地獄に落ちることなく浄土に往生するには、日頃、念仏を欠かしてはならないと教えたのである。

それは、キリスト教の教会や仏教の寺院にとっては、現実的な生き残り策でもあった。自らの罪（あるいは業）を自覚して、宗教活動にはげめば、それは教会や寺院との関係を深めることに結びつき、結果として教会や寺院には献金や布施という形で金銭が入ってくるからである。金持ちになれば、どちらの宗教においても土地を寄進した。その土地は、教会や寺院を経済的に支えていくことに役立てられたのである。

キリスト教会の場合には、それが、「免罪符」の発行にまで突き進んでしまった。免罪符は、「贖宥状《しょくゆうじょう》」とも呼ばれるが、寄進を行った者に対して罪の軽減を保証するもので、一六世紀に行われた。ルターは、この免罪符を徹底的に批判することで宗教改革の口火を切ったわけだが、教会には、罪を金によって軽減できるという発想があった。それは、信者も望むところだったのである。

原罪と言われても、私たちにはそれについて実感をともなって理解することはできない。それは、私たちがキリスト教の信者ではないからだが、もう一つ、私たちが、科学や技術の発達した現代という時代に生きているからでもある。罪が遺伝するはずはない。現代の人間は、どうしてもそのように考えてしまうのだ。

しかし、中世ヨーロッパ社会に生きる人たちは、私たちとは相当に違う感覚をもっていた。罪ということを明確に意識し、その罪を贖《あがな》う、あるいは軽減してもらうことに対して強い関心を抱いていた。

なぜ高利貸は賤しい職業と見なされていたのか

それはとくに金融業に従事する人間たちのあいだで見られたことだった。

そこには、キリスト教における「利子」に対する見方が影響していた。

神道や仏教には見られないことだが、ユダヤ教からはじまる一神教の系譜においては、この利子を禁止する考え方が強かった。それは、源流であるユダヤ教が利子を禁じていたからである。

旧約聖書には、そうした記述がある。「異邦人には利子を付けて貸し付けてもよいが、あなたの兄弟に貸すときには利子をとってはならない」(「申命記　二三章二〇」)とか、「その人に金や食糧を貸す場合、利子や利息を取ってはならない」(「レビ記　二五章三七」)といった具合である。

実はこれは、一神教にだけ見られるものではなく、多神教で知られた古代のギリシアでも同様の考え方があった。古代ギリシアの哲学者であるアリストテレスは、『政治学』という著作において、貨幣を貸して利子をとる行為について、それはもっとも自然に反することであるとして厳しく禁じた。

共同体や部族の仲間のなかで利子をとるようになると、経済的な格差が拡大し、その秩序を保つことが難しいと考えられたからである。だからこそ、旧約聖書では、異なる信仰をもつ異邦人からは利子をとることが認められていた。

この伝統は、ユダヤ教からキリスト教にも受け継がれた。たとえば、中世最大の神学者とされるトマス・アクィナスは、その主著『神学大全』のなかで、ラテン語で利子を意味する「ウスラ」を禁じていた。

このように利息が禁じられていた以上、キリスト教世界には高利貸など存在しないはずである。

ところが、現実はそうではなかった。経済が発展していくなかで、利息を支払ってでも金を借り、それを運用して儲けようとする人間があらわれるようになるからである。

だからこそ、ユダヤ人が高利貸になり、キリスト教徒に金を貸したわけである。それは、シェークスピアの『ベニスの商人』に描かれている。

しかし、さらに経済が拡大していけば、ユダヤ人だけではなく、キリスト教徒のなかにも高利貸があらわれるようになる。

それでも、高利貸は賤しい職業と見なされ、死後には地獄に落とされると考えられていた。高利貸の側も、自分たちが罪深い行為を犯していることを自覚しており、それに脅えていた。

社会史のジャック・ル・ゴッフの小著『中世の高利貸―金も命も』（法政大学出版局）では、当時の高利貸の抱いた罪意識についてふれられている。たとえば、ある裕福な高利貸は、普段、神を怖れることもなかったが、ある夜、妻のかたわらで寝ていた際、突如として身震いしながら起き上がり、いぶかる妻に対して、「たったいま最後の審判に連れてゆかれ、数えきれぬ罪状で訴追されたのだが、わたしはうろたえて口も利けず、告解を願いでることもできなかった。ついに至高の裁きの手がわたしを悪魔に引きわたす判決を下された。今日にも悪魔どもがわたしを拉致しにやってくるはずだ」と答え、近くにあった質草の上着をはおると出ていってしまった。その高利貸は教会に逃げ込んだが、放心状態で、結局は船に乗せられて悪魔に連れ去られてしまったのだった。

この話は、いかに当時の高利貸が自分たちの仕事が罪深いものであるのかととらえ、どこかで改心し、死ぬまでにはとった利息分を返しておかなければならないと考えていたことが示されている。本人が、返そうとしなければ、家族が説得した。教会もまた、高利貸に対して、「金か命か、どちらかを選べ」と迫ったのである。

アメリカにおいてキリスト教は〝新興宗教〟だった

アメリカの人類学者、ルース・ベネディクトが日本と戦争をしているあいだに日本について研究し、戦後すぐに刊行された本に『菊と刀』（翻訳はいくつかある）がある。この本を読んだ人も少なくないだろうが、たとえ読んでいなくても、ベネディクトが西欧と日本を、「罪の文化」と「恥の文化」としてとらえたことは知識として知っているに違いない。

ただ、この本のなかで、ベネディクトが罪の文化と恥の文化についてふれているのは、翻訳本ではわずか二ページ程度である。決して著者は、その違いについて詳しい探究を行っているわけではない。

だが、日本人には、自分たちが恥ということを重んじており、それは自分たちの美徳であるという認識があるのだろう。恥の文化ということばは歓迎され、ベネディクトは『菊と刀』でその点を強調しているという認識が広がったのである。

果たして日本において本当に恥の文化が成立しているのかどうかは改めて研究する必要があるが、たしかにキリスト教を背景とした西欧の文化では、罪ということを恐れる感覚が強く、そこには罪の文化が成立していると見ることができる。

ただ、とくに罪の文化が広まっているのは、ベネディクトの祖国であるアメリカにおいて顕著に見られることかもしれない。ベネディクトはニューヨークの生まれで、教育もアメリカで受けている。

アメリカにおいてキリスト教の信仰が広く浸透していることはよく知られている。そもそもアメリカの建国にはキリスト教の信仰が深くかかわっていた。イギリスによるアメリカの開拓は一六世紀末からはじまっていたが、一六二〇年に「メイフラワー号」が東海岸に到着する。その船に乗っていた人間の三分の一は、イギリスで国教会による迫害を受けていた「清教徒」と呼ばれる人間たちで、彼らは信仰の自由を求めて海を渡ってきたのだった。これが、「ピルグリム・ファーザーズ」である。

ただ、アメリカにやってきた入植者たちは、誰もが信仰の自由を求めていたわけではない。当然ながら、豊かさを求めている者たちの方が多かった。彼らは、フロンティアを求めて西へ西へと向かっていった。その際に、彼らは信仰ということには関心をもっていなかった。

そうした開拓民の後を追っていったのが、キリスト教プロテスタントの宣教師たちである。彼らは、開拓者たちを信仰に目覚めさせるために宣教活動を展開する。

それは、「リバイバル」と呼ばれ、アメリカ特有の現象となっていく。リバイバルにおいては、宣教師が屋外にテントを張って多くの人間を集め、そこで世の終わりが迫っていることを強調し、それを免れるためには自分たちがいかに罪深い存在であるかを自覚する必要があると訴えた。

開拓者たちは、信仰をなおざりにし、酒や女に溺れるなど自堕落な生活を送っていたこともあり、こうした説教に影響され、回心を遂げていった。リバイバルはそれ以降何度かブームになり、アメリカ各地でくり返されることになる。リバイバルはもともとイギリスで生まれた動きだが、アメリカほど盛んにはならなかった。リバイバルは基本的にアメリカに特有の宗教現象である。

ヨーロッパの場合には、キリスト教の歴史も長く、それは社会生活のなかにおいて習俗として定着していた。

ところが、アメリカでは、事情は大きく異なっており、キリスト教は社会に定着していなかった分、人々を熱狂させる力をもっていた。いわばアメリカのキリスト教は、新宗教、新興宗教として広がっていったのである。

また、アメリカにはアフリカから奴隷が連れてこられた。今日、アフリカ系アメリカ人と呼ばれる人間たちの祖先にあたるわけだが、彼らはヨーロッパからの移民とは同等の生活をすることができず、搾取されるなかで苦しい状況に追い込まれた。

そうした黒人奴隷を救ったのもキリスト教であり、彼らは現世での苦しい生活から根本的に解放されることを願って、天国に生まれ変わることを強く願った。

そのなかで生み出されてきたのが、彼らの故郷であるアフリカの音楽を基盤として、信仰を歌い上げた「黒人霊歌」であった。これは、アメリカ音楽の基盤となり、黒人の世界だけではなく、白人にも大きな影響を与えていった。

神への感謝を歌い上げるアメリカの音楽

アメリカのロックやポピュラー音楽には、キリスト教の影響が色濃い。たとえば、ロックンロールを広めるうえで大きな役割を果たしたエルヴィス・プレスリーは白人だが、幼少期から黒人音楽の影響を強く受けていた。彼はゴスペル音楽を好み、三度グラミー賞を受賞しているが、すべてゴスペル部門においてなのである。

アメリカには、「コンテンポラリー・クリスチャン・ミュージック」というジャンルがあり、ＣＣＭと略称されるが、これは、キリスト教の信仰を歌った音楽のことである。そのなかには、クリスチャン・ロックやクリスチャン・ヘビーメタルなども含まれる。格好や演奏スタイルは一般のロックと変わらないが、内容は神への愛や神からの愛を歌ったものなのである。

そうした傾向は、ＣＣＭのジャンルに限定されるものではない。多くのアメリカ人の音楽家が信仰にまつわる曲を作り、それを歌い、演奏している。それだけ、キリスト教の信仰はアメリカ音楽の世界に浸透しているのである。

そこには一つのパターンがある。

プロの音楽家になるような人間たちは、子どもの頃から音楽の才能をもち、それは周囲にも認識されている。すると、教会からリクルートされ、教会の聖歌隊に加わったり、オルガンを弾くようになったりする。それによって、幼少期からキリスト教の世界に深くかかわっていくのである。

彼らが成長し、音楽界でスターになっていくと、その過程では、過酷なツアーを経験しなければならない。アメリカ全土をまわり、ライブを行って、自分たちの存在をアピールしていくのである。それは、リバイバルの宣教師たちが行ったことであり、大統領選挙でも行われることである。

そうしたツアーを生き抜いてスターにのし上がれば、アメリカだけではなく、世界全体で人気者になり、巨額の富を得ることもできる。

ただし、スターの地位にとどまることは相当に大変なことで、絶えずプレッシャーにさらされることになる。すると、多くの音楽家はアルコールや薬物に救いを求めるようになってしまう。中毒患者になってしまうのだ。

そうなれば、生活は荒れ、結婚生活や家庭生活にも悪影響を与える。音楽活動も滞り、なんとかして中毒から抜け出ていかなければならなくなる。

そのときにキリスト教の信仰が救いとなる。自らがいかに罪深い存在で、それゆえにアルコールや薬物に溺れたのかを自覚することで、立ち直りのきっかけを得ていく。それに成功すれば、彼らは神への感謝を歌い上げるようになっていく。そこにアメリカの音楽が、そしてアメリカのロックが宗教化していく根本的な原因があるわけである。

このように、キリスト教社会においては、罪ということが重要な意味をもっている。それは、キリスト教特有の原罪という考え方にもとづくものであり、それが死後の行方ということにも深く関係している。罪を贖うことなく亡くなってしまえば、地獄に落とされる。キリスト教徒は、そのことを強く恐れてきたのである。

本来キリスト教は大衆的なもの

ただ、キリスト教における死についてのとらえ方を、こうした個人の信仰の面だけで考えるのは不十分である。

というのも、日本の仏教が、人を葬ることに特化したことで、「葬式仏教」と言われるように、キリスト教の場合にも、そのもっとも重要な役割は、やはり人を葬ることにあるからである。

それは、すでに見たカトリックにおける七つの秘跡に示されている。七つの秘跡はどれも、カトリックの信者が人生において通過していく重要な儀式であり、最後には、かつて終油の秘跡と呼ばれたものが待ち受けていた。亡くなったときにそれに預かることで、信者は人生をまっとうし、天国に生まれ変わるのである。

キリスト教では、現在では火葬も増えたが、かつては土葬が主流だった。アメリカなどでは、肉体が残っていなければ、最後の審判の際に肉体をともなったまま天国に赴くことができないという信仰が広まっていて、火葬を嫌う傾向もあった。

土葬する場合、教会の共同墓地に埋葬されることになるが、埋葬される場所の周囲に参列者が集まり、聖職者が儀式を主宰して埋葬が行われる。このように、信仰と埋葬は密接に関連しており、その点では、キリスト教も「葬式キリスト教」としての側面をもっているのである。

ヨーロッパには、ドイツや北欧の諸国で、「教会税」の制度がある。これは、所得税と同時に、その一割程度を教会税として収めるものである。こうした税制がずっと維持されてきたのも、亡くなるときにはキリスト教によって教会の墓地に埋葬されたいと考えられてきたからである。

明治以降になって、日本には新たにキリスト教が入ってきたわけだが、その際に、キリスト教の信仰は社会の上層階級や知識人のあいだに広がった。とくにプロテスタントでは、個人の信仰ということを重視し、信仰治療や奇跡などを排除する傾向が強い。

そのため、日本におけるキリスト教は、猥雑な要素をすべて捨象したものとして受けとられ、特定の階層にだけ広がっていった。民衆のためのキリスト教は、日本には取り入れられなかったのである。

これによって日本人は、キリスト教というものは、純粋な信仰を追求する極めて知的な宗教であるという理解をしている。しかし、それはキリスト教のなかでもごく一部にしか受け入れられないもので、世界に広まったキリスト教はより大衆的で、そこには奇跡信仰も含まれるのである。

アメリカでは、まだキリスト教の信仰は強く、多くの人間が神の存在を信じている。ところが、ヨーロッパにおいては、神を信じることなく、キリスト教の教会に属していない人間が増えている。教会税を嫌って離脱する動きもある。

ヨーロッパの人たちの場合には、キリスト教の信仰を捨ててしまえば、無神論、あるいは根本的な無宗教になってしまう。キリスト教以外に、ほかに宗教が存在しないからである。その点では、同じ無宗教というとらえ方をしても、日本の場合とは異なる。

無神論や無宗教の立場をとれば、死んでから天国に生まれ変わるという信仰も維持されない。彼らは、無になってしまうとも言える。それは、信仰をもつ人間からすれば恐ろしいことであり、日本人も果たしてそれでいいのかと疑問をもつであろう。だが、ヨーロッパの世俗化はそこまで進んでいるのである。

第四章　意外にシンプルな「イスラム教」のあの世

密接なイスラム教とユダヤ教、キリスト教の関係

この章では、イスラム教における死後の行方について見ていく。

だが、その前に、ユダヤ教についてもふれておきたい。というのも、イスラム教という宗教はユダヤ教の影響を強く受けているからである。

一神教ということでは、ユダヤ教が最初で、そこからキリスト教が生まれた。キリスト教で信仰の対象になるイエス・キリストは、ユダヤ人でありユダヤ教徒である。それは、彼の弟子たちについても言える。キリスト教は、ユダヤ教の改革運動としてはじまり、ローマ帝国に広がることでユダヤ民族の枠を超えていった。

イスラム教は、ユダヤ教やキリスト教に比べて後発の宗教で、その分、周囲に存在したこの二つの宗教の影響を強く受けている。

たとえば、イスラム教の聖典であるコーラン（アラビア語に近い表記を使えばクルアーン）には、「ムーサ」や「イーサー」が登場するが、それはモーセとイエスのことである。

イスラム教では、モーセやイエスも、神からのメッセージを託された預言者であるととらえられている。そのなかで最後に位置し、もっともそれを正しく理解したのが預言者ムハンマドであるとされている。

また、イスラム教で信仰される神は「アッラー（アッラーフ）」と呼ばれるが、これは

神の名前ではない。アッラーは、神を意味するアラビア語の普通名詞で固有名詞ではない。

そのアッラーを信仰の対象とした人物が、ユダヤ教の聖典であるトーラー、キリスト教で言えば旧約聖書の「創世記」に登場するアブラハムだとされ、アラビア語では「イブラーヒーム」と呼ばれる。

普通、私たちは、預言者ムハンマドが神からメッセージを託され、それを周囲に伝えていったことからイスラム教がはじまったと考える。だが、イスラム教の立場からすれば、自分たちの宗教のはじまりは、イブラーヒームの時代に遡る。

このように、イスラム教からすれば、ユダヤ教もキリスト教も近しい存在であり、決して無関係な宗教とは考えられていない。

イスラム教には、「啓典の民」というとらえ方もある。それは、イスラム教の世界において税金さえ支払えば、自分たちの信仰を守ることが許される人間たちのことだが、その代表がユダヤ教徒でありキリスト教徒である。啓典の民は、イスラム教が否定する多神教徒とは異なる存在としてとらえられているわけである。

コーランには異本がない

このようにイスラム教はユダヤ教とキリスト教という同じ一神教と密接な関係をもって

いるわけだが、その宗教のあり方ということになると、キリスト教よりもむしろユダヤ教に近い。

イスラム教には、ムハンマドという創唱者がいるわけで、その点でイスラム教は、創唱宗教、あるいは特定の民族の枠を超えて広がった世界宗教としてとらえられる。それは、キリスト教も同じで、キリスト教も創唱宗教であり、世界宗教である。

一方で、ユダヤ教の場合には、ユダヤ民族にとって土着の宗教が発展したもので、特定の創唱者はいない。その点で創唱宗教ではないし、ユダヤという民族の枠のなかから出なかった以上、世界宗教ではない。こうした宗教は自然宗教とも呼ばれる。

だが、イスラム教のあり方は、キリスト教には似ていない。むしろ、ユダヤ教と共通点が多い。

そこには、創唱者と位置づけられるムハンマドとイエスの性格の違いが影響している。

ムハンマドは、預言者であり、神からのメッセージを託されたわけだが、あくまで人間であり、しかも俗人である。結婚もしていた。

それに対して、イエスの場合には、その生涯をつづった「福音書」において「神の子」と呼ばれている。しかも、そこから、しだいにただの人間ではなく、神に近い存在ととらえられるようになる。

そこには、母であるマリアが聖霊の力によってイエスを身籠もったとされることも影響していたが、初期教会における論争の末、イエスは人としての性格をもつと同時に神としての性格をもつ存在であると定まった。

そして、父なる神とイエス・キリスト、そして聖霊は三つにして同格であるとする「三位一体」の教義が確立された。これは、ムハンマドにはまったくないことである。

この結果、キリスト教においては、イエスという存在が人としてこの世界にあらわれ、十字架に架けられて殺された後復活したという事柄が信仰の中心に位置づけられた。

ところが、ムハンマドの場合には、俗人として生まれ、そのまま亡くなったこともあり、神と同格の存在とは見なされない。イスラム教徒の考える神は絶対の存在であり、人間の姿をとって地上にあらわれるなどということはあり得ないのである。

ムハンマドは、あくまで人間としてとらえられ、彼が授かった神のメッセージの方が決定的な重要性をもつと考えられたのである。

その結果、イスラム教では、神のメッセージを集めたコーランが、もっとも重要な聖典と見なされた。

コーランの内容については、ムハンマドが生きていたあいだは口伝えされていたが、その死の直後には書物の形にまとめられた。それは、ムハンマドが没してからおよそ一〇年後のこととされる。

この点は重要で、コーランには異本がまったく存在しない。これは、キリスト教の聖書には、旧約聖書と新約聖書とを問わず、そこに収められたのとは別のさまざまな異本が存在することとは対照的である。そうした異本は、「外典《がいてん》」と呼ばれる。したがって、聖書は編纂の産物である。ところが、コーランは、決して編纂の産物ではなく、最初から一つに定まっているのである。

宗教法が日常生活を律する

そして、イスラム教においては、コーランに次ぐ聖典として「ハディース」が存在している。このハディースは預言者ムハンマドの言行録である。ハディースは、アラビア語で伝承を意味する。

ただ、ハディースの場合には、コーランのように、ムハンマドの死の直後にまとめられたわけではないので、数多くの伝承が存在し、そのなかには偽作されたと考えられるものも含まれている。

ハディースは、ムハンマドがどういった発言を行ったか、どういった行動に出たかを伝えるとともに、それを誰が伝えたのかも示している。

その一例をあげれば、「アーイシャによると、預言者は、浄めを行うとき、歩くとき、靴を履くときなど、あらゆる場合にできる限り右側からするのが好きであった」（『ハディースI――イスラーム伝承集成』牧野信也訳、中公文庫）となっている。アーイシャとは、預言者ムハンマドの妻のことである。

イスラム教の学者は、これを伝える伝承者が信頼できるのかどうかを吟味し、正しい伝承だけを集める作業をくり返してきた。その結果、いくつかの伝承集成が存在している。

イスラム教では、このハディースが、コーランに次ぐ第二の聖典と位置づけられ、コーランとハディースに記されたことが、イスラム教の信者が従うべき規範と見なされている。その規範のまとまりが、イスラム法である「シャリーア」である。

キリスト教には、このシャリーアにあたるキリスト法といったものは存在しないが、ユダヤ教にはユダヤ法が存在している。それは、「ハラハー」と呼ばれるが、ハラハーはヘブライ語で道や歩みを意味している。

イスラム教のシャリーアがコーランとハディースからなるように、ハラハーの場合も、文字で伝えられた成文のトーラーである「モーセ五書」と、口伝のトーラーである「タルムード」からなっている。

モーセ五書は、キリスト教の旧約聖書の冒頭にある「創世記」、「出エジプト記」、「レビ記」、「民数記」、「申命記」からなっている。

一方、口伝のトーラーを編纂したものが「ミシュナ」である。

このように、ユダヤ法とイスラム法は宗教としての構造が似ているわけで、イスラム教はその面でユダヤ教の影響を強く受けていると言える。

その共通点は、双方の法のなかに見られる食物規定を見てみれば明らかになる。

イスラム法において、豚肉を食べてはならないという規定があることはよく知られている。食べてもよいものは「ハラール」、食べてはならないものは「ハラーム」とされる。ハラームのなかには、イスラム法で規定されているのとは異なる方法で屠畜された鶏肉や牛肉も含まれる。

それは、ユダヤ教でも共通しており、「カシュルート」と呼ばれる食物規定が存在する。カシュルートにおいて食べてもいいものは、「コーシャ」と呼ばれ、コーシャでないもののなかには、豚肉やユダヤ法が定めているのとは異なる方法で屠畜された肉が含まれる。

このように、日常の生活を宗教法によって律するところに、ユダヤ教とイスラム教の共通性がある。イスラム教はそれをユダヤ教から取り入れたわけである。

ユダヤ教における葬儀は極めてシンプル

では、ユダヤ教における死後の行方は、どうなっているのだろうか。

前の章では、ユダヤ教のなかから生まれたキリスト教における死についてのとらえ方を見ていったが、ユダヤ教の場合には、その点ではひどく曖昧である。

何より、ユダヤ教の根本にあるトーラーにおいて、そうしたことにほとんどふれられていないことが大きい。

したがって、死後の世界、天国や地獄がどのようなものかについては明確には示されていない。霊魂の不滅や最後の審判について漠然とした観念があるだけである。

ユダヤ教の歴史について概説した市川裕『ユダヤ教の歴史』（山川出版社）を見ても、ユダヤ教における他界観は説明されていない。死にまつわる信仰について唯一書かれているのが、葬儀についてで、それは、次のようであると説明されている。

ユダヤ教では、「ヘブラー・カディシャー」と呼ばれる互助組織があって、葬儀にかんする一連の作業を行う。埋葬する前に、遺体は清められ、経帷子に包まれて、墓地に運ばれ埋葬される。土葬が基本であるが、火葬が行われることもある。

喪に服する期間は「シヴァ」と呼ばれ、それは七日間続く。その後三〇日間は、緩やかな服喪が続く「シュルシーム」で、親の死の場合にはそれが一年間続くとされる。シヴァのあいだは、床に直接座るか、背の低い椅子に座り、労働や仕事、入浴や散髪などは慎む。

このようにユダヤ教における葬儀のやり方も相当にシンプルである。ただそれは、キリスト教についても共通して言えることで、仏教の葬儀に慣れている日本人からすれば、どうしても一神教における葬儀はひどくあっさりしたものに思えてしまう。

ユダヤ教の場合、もともとは神殿の宗教であった。エルサレムには、ユダヤ教の神殿の跡があり、それは「嘆きの壁」として彼らの信仰の対象になっている。信者たちは、そこで祈るのである。

ただそれも、戦後イスラエルというユダヤ民族の国家が樹立され、そこに世界各国からユダヤ人が集まってきてからのことである。

かつて国を追われたユダヤ人は、世界各地に散り、そうした離散状態は「ディアスポラ」と呼ばれた。

ディアスポラという危機的な状況に追い込まれたのは、ユダヤ人が神に背いた結果だと解釈された。そこから、神との契約関係を見直す動きが生まれ、新たな契約の証として安息日と割礼を厳守する方向にむかっていく。これならば、エルサレムの神殿から切り離されても実行することができる。こうしてユダヤ人は、法の宗教としてのユダヤ教を確立し、それによって自分たちのアイデンティティーを支え、苦難の時代を生き抜いていった。

ユダヤ人がディアスポラの状況におかれたということは、イスラム教世界やキリスト教世界のなかで生活することを強いられたことを意味する。地域が異なれば、葬送の方法や習俗も異なる。ユダヤ教独自の葬儀の方法が、それほど明確な形で確立されなかったのも、そうした状況が影響していたものと考えられる。

しかも、ユダヤ教には、すでに述べたように、仏教の釈迦やキリスト教のイエス・キリストにあたるような創唱者がいない。したがって、創唱者の死に方が、その後のユダヤ教の信仰に影響を与えることはなかった。

そうしたことがあるために、ユダヤ教における死後の行方を特徴的なものとして導き出してくることは難しい。天国や地獄についての観念も希薄なので、その来世観、他界観を明確にとらえることができないのだ。

その点では、イスラム教がユダヤ教に構造が似ているからといって、ユダヤ教の死生観を受け継ぐということはそもそもあり得ないことである。

ただ、イスラム教は、預言者ムハンマドという創唱者があり、創唱宗教と見なされている。イスラム教には、ユダヤ教とは異なり、釈迦やイエスに相当する人物が存在するのである。

しかし、ムハンマドの死に方に格別特徴があるわけではない。

たとえば、岩波新書の蒲生礼一『イスラーム（回教）』においては、晩年のムハンマドは、そのとき住んでいたメディナから巡礼者とともにメッカに入ったとされる。それは、最後の巡礼になったため、後には「別離の巡礼」と呼ばれた。そして、巡礼から帰還したムハンマドは、その三ヶ月後、六三二年六月八日に長逝したとされている。

ムハンマドは、メディナの自宅で亡くなった。享年は六二歳と、今の感覚では若いようにも思われるが、自然死だった。釈迦のように、死が信仰上の意味をもつことはなかったし、イエスのように、十字架に掛けられての死という劇的なものでもなかった。

仏教の場合も、キリスト教の場合も、創唱者がいかにして死を迎えたかということが、その後、それぞれの宗教の死のとらえ方、死生観に強く影響していったわけだが、イスラム教の場合には、ムハンマドが自宅で自然死したため、それはさほど重要な意味をもたなかった。

イスラム教の天国には酒がある

では、イスラム教は死後の行方についてどのようにとらえているのだろうか。

まず、コーランの第二章第四節には、「そして（それらは）おまえに下されたものとおまえ以前に下されたものを信ずる者たちであり、そして来世を彼らは確信する」（コーランの翻訳は、中田考監修『日亜対訳　クルアーン』作品社による）とある。ここで、「おまえ以前に下されたもの」とは、モーセの律法や福音書のことをさしている。

イスラム教では、信者が信ずべき事柄として六つのことがあげられており、それは「六信」と呼ばれる。六信に含まれるのは、アッラー、天使、啓典、預言者、来世、そして天命である。天使は、神のメッセージをムハンマドに伝える役割を果たした。天命とは、人間のたどる運命はすべて神によって定められているという考え方である。

イスラム教においては、来世が現世とまったく異なる世界であるとは考えられていない。それは、現世に続くものとしてとらえられている。ただ、天国に赴くためには、現世において信仰にかなった生き方をしなければならないとされ、現世における行いが来世に影響するとされている。

それに関連して、コーランの第一七章第一三節には、「また全ての人間に、われらは各自の『鳥』（吉凶善悪の運命）をその首につけた。そして、復活（審判）の火、われらは彼に書（生前の善行悪行の帳簿）を差し出し、彼はそれが開かれているのを見る」とある。

また、同じ章の第七二節では、「だが、この世で（真理、導きに）盲目だった者は来世においても盲目で、さらに道に迷っている」と述べられており、ここにも現世と来世の連続性が示されている。

では、イスラム教における天国はどのようなところなのだろうか。そこには興味深いことが出てくる。

コーランの第四七章第一五節には、「畏れ身を守る者たちに約束された楽園の喩えは、そこには腐ることのない水の川、味の変わることのない乳の川、飲む者に快い酒の川がある。また、彼らにはそこにあらゆる果実と彼らの主からの御赦しがある」と述べられている。

ここには、「飲む者に快い酒の川」が出てくる。天国にはそれがあるというのだ。

これを読んで、多くの人は疑問を抱くだろう。なにしろ、イスラム教で酒が禁じられていることは広く知られているからである。

ところが、天国に酒があるという記述は、コーランのほかの箇所にも出てくる。第七八章第三四節でも、「そして満たされた酒杯（があり）」と記されている。

天国では、酒がいくらでも飲めるというのであれば、酒を禁じる必要はないのではないか。そういう疑問がわいてくる。

ただ、第五章第九〇節では、「信仰する者たちよ、酒と賭け矢と石像と占い矢は不浄であり悪魔の行いにほかならない。それゆえ、これを避けよ。きっとおまえたちは成功するであろう」とあり、酒は悪魔の業とされ、信仰者には禁じられている。

天国には酒があふれているということと、この酒の禁止とはどのように関連するのだろうか。そのヒントは、第三七章第四三節〜第四七節にある次のことばにある。

「至福の楽園の中で。寝台の上で向かい合って。彼らには（酒の）泉からの酒杯が回される。真っ白で、飲む者に美味である。そこには悪酔いはなく、彼らはそれに酩酊することもない」

天国の酒は、それをいくら飲んでも悪酔いすることはない。そこが現世における酒と異なる点である。現世において酒を飲めば、必ず酩酊する。酩酊すれば、神のことを忘れてしまい、信仰を蔑ろにすることになってしまう。

具体的な描写に乏しいイスラム教の「地獄」

では、地獄の方はどのようなものとして描かれているのだろうか。

第九章第六三節には、「彼らは知らないのか、アッラーとその使徒に歯向かう者、彼には火獄の火（ジャハンナム）があり、そこに永遠に住まうことを。それは大いなる屈辱である」とある。

不信仰者、信仰を拒む者は地獄に落とされるというわけだが、第五章第三七節でも、「彼らは獄火から出ることを望むが、彼らはそこから出ることはない。そして彼らには永続の懲罰がある」と述べられている。

コーランのほかの箇所でも地獄について言及されているが、その内容はこうしたものと変わらない。ただし、これ以上詳しく地獄について描写されているわけではない。

地獄の業火ということから、イスラム教では、火葬を嫌う。基本的に土葬であり、イスラム教が広がった地域においては、現在においても火葬場が設置されていない。日本に居住しているイスラム教徒も、土葬を望み、それを実践している。ただし、日本では火葬が全面的に普及したため、土葬の場所を探すことで苦労している。

仏教やキリスト教においては、地獄のことは実に詳しく説明されていたわけだが、イスラム教は対照的である。地獄に落とされれば、永遠に罰が下されるとされるだけで、業火以外の責め苦については語られていない。

それは、その前に述べた天国についても言える。天国の描写もそれほど詳しくはなく、具体的な説明には乏しいのだ。

ただ、これは近年起こったテロとも関連して伝えられていることだが、殉教すれば、天国において七二人の処女が待っているという説が流布している。

たしかに、コーランにはそのもとになるような記述がある。

第五六章第三五〜三六節には、「まことに、彼女ら（天女）を創生として（出産によらず）

創生した。そして、彼女らを処女となした」とある。

また、第七八章第三三節には、「そして同年齢の胸の丸く膨れた乙女たち」とある。

ただし、コーランには殉教のことにもふれられてはいないし、七二人の処女が待っているという記述もない。

それが出てくるのは、八九二年に亡くなったアル＝ティルミズィーが集めたハディース（『真正集』al-Jāmi'）においてである。そこでは、天国では八万人の召使と七二人の妻が待っているとされている。

ハディースは膨大な数が存在し、そのなかには本当にムハンマドの言行を記したのか疑わしいものも含まれている。ただ、イスラム教には、ハディースが真正なものであるかどうかを判定する機関や制度が存在しない。そこが、教義を厳格に定める機関と方法が定まっているキリスト教のカトリックなどとは根本的に異なるのである。したがって、今引用したハディースを真正なものと認めるかどうかでは見解が分かれている。

意外に融通の利くイスラム教の戒律

それにしても、イスラム教における天国や地獄に対する見方、来世観はひどく単純で、あまりにもシンプルである。イスラム教徒は、来世の有り様にさほど関心を向けていないようにも見える。

ただ、来世のことは六信の一つに含まれており、それが存在することは信仰上の前提になっている。

では、天国に行けるか、地獄に落とされるか、それは何によって決まるのだろうか。不信仰な人間が地獄に落とされるとされている以上、すべては信仰によって決まることになる。

イスラム教では、信者が実践すべき宗教行為として、「五行」が定められている。それは、信仰告白、礼拝、断食、喜捨、そして巡礼の五つからなっている。

信仰告白は、「アッラーのほかに神はなく、ムハンマドはアッラーの使徒である」と唱えるもので、これは、他の宗教からイスラム教に改宗する際に唱える文言だともされている。

礼拝は、よく知られているように、一日五回実践するものである。

断食は、一年に一度めぐってくる断食月に行うもので、日の出から日没までのあいだは、食べ物を食べないのはもちろん、水も飲まないことにもなっている。

喜捨は、金をもつ者が、それを貧しい者に対して与える行為を意味する。

そして、巡礼は、やはり一年に一度めぐってくる巡礼月に、サウジアラビアのメッカに向かい、一定の作法に従って一連の儀式を実践するものである。

　キリスト教では、前の章でふれたように、原罪の観念が発達し、信者が自らを罪深い存在としてとらえることが前提になっている。

　ところが、イスラム教には、この原罪にあたるような観念はまったく存在していない。この点で、イスラム教はキリスト教と決定的に異なっている。

　イスラム教において重要なのは、こころのなかのことではなく、あくまで行為である。どう振る舞うかによって、信仰が深いか、また不信仰であるかが決まるのである。

　つまり、一日五回の礼拝を欠かさず実践し、断食月になれば断食を行い、金が儲かればそれを喜捨し、機会があればメッカ巡礼を果たす人間が信心深い人間であり、天国行きを保証される。逆に、こうした行為を怠れば、地獄に落とされることになる。

　となれば、ずっと信仰をおろそかにしてきた人間は救われないということにもなってしまうが、イスラム教には意外な救済の方法が存在している。

　その点について、私と対談を行ったイスラム学者の中田考氏は、次のように述べていた。

「しかも、イスラームというのは、商人の宗教なので、悪いことをしても、いいことをすると帳消しになるような考え方をとっています。場合によっては、たとえばいいことをすると、七〇〇倍のボーナスポイントがつく。つまり七〇〇の悪いことをやっても、一ついいことをすれば帳消しになったりするようなものです」

一般に、イスラム教という宗教は戒律が厳しいと考えられている。たしかに、一日五回礼拝することが義務づけられ、それに背くと罰せられるのであれば、そうした見方が成り立つ。

しかし、組織の発達していないイスラム教では、罰を下す方法も手段もないわけで、礼拝を実践するかどうかはあくまで個人の自発的な意思にかかっている。

しかも、中田氏が述べているように、実際のイスラム教の戒律はかなり緩いもので、状況に応じて融通が利く。たとえば、旅行中であれば、断食が免除されたりするのである。

第二章で述べた仏教の法要における追善の考え方も、イスラム教におけるボーナスポイントの考え方と似ている。どちらも、後から挽回が可能なようになっているのである。

コーランにおいては、ほとんどの章が、「慈悲あまねく慈悲深きアッラーの御名において」ではじまる。このことばは、「バスマラ」と呼ばれるが、宗教書だけではなく、契約書のはじめにも用いられており、信者は日常的にこのことばに親しんでいる。

そこでは、神がいかに慈悲深い存在であるかが示されているわけで、また、「アッラーはよく赦し給う慈悲深い御方」とも言われている。アッラーは、決して厳格に罰を下す恐ろしい存在とは考えられておらず、まったく逆の存在としてとらえられている。仏教で言えば、観音菩薩のような存在と同じようにとらえられているわけである。

その点が認識されていないことで、イスラム教は誤解されているとも言える。イスラム教は、実は戒律が相当に緩い宗教なのである。

イスラム教における死後の行方も、それを反映し、戒律を破ったことで地獄に落とされることがことさらに強調されているわけではない。その点では、仏教やキリスト教の方がはるかに厳しいと言える。

イスラム教が世界に広がり、現在ではキリスト教に次ぐ世界第二位の宗教となっているのも、戒律が厳格ではなく、むしろ緩いからなのである。

第五章　見えにくい［儒教］や［道教］

目に見えない宗教

アジアの宗教には、これまで取り上げてきたヒンズー教、仏教、ジャイナ教、神道などのほかに、中国に生まれたものとして儒教と道教がある。

ただ、この二つの宗教については、果たしてそれを宗教としてとらえていいのかどうかについては議論がある。

実際、儒教は「儒学」ないしは「儒家」と呼ばれることがあるし、道教も「道家」と呼ばれたりする。ただし、「道学」となると、宋の時代に新しい儒学をさして使われるもので、道教の別名ではない。

儒教と道教は、ともに孔子と老子という創唱者が存在する。その点で、創唱宗教の一つとしてとらえることができる。創唱者が存在するということは教えがあるということであり、その教えを記した聖典があることを意味する。孔子の教えはその言行録である『論語』に示されている。老子の教えは『道徳経』に示されており、それは『老子』と呼ばれることも多い。

このように、儒教と道教は、創唱宗教としての性格が明確だが、教団組織を形成してはいない。イスラム教の場合も、基本的に教団組織が存在しないが、イスラム教徒としての自覚をもっている。

ところが、儒教や道教の信者としての自覚をもっている人間はほとんどいない。道教の場合には、一部に「太平道」や「五斗米道」といった教団が組織されたが、それが道教の主流になったわけではない。むしろ儒教や道教は、その思想が中国や周辺諸国に伝えられることで、大きな影響力を発揮した。

日本の場合で考えてみても、たしかに儒教や道教は、仏教と同様に、中国や朝鮮半島から伝えられ、それは日本の社会に大きな影響を与えた。しかし、日本の場合には、道教でさえ教団を組織することはなく、儒教と同様に、いわば「目に見えない宗教」として社会に浸透していった。

まずは孔子の儒教の場合だが、孔子は紀元前五五二年、ないしは五五一年に生まれ、四七九年に亡くなったとされている。今からおよそ二五〇〇年前の人物ということになる。

ドイツの哲学者カール・ヤスパースが唱えた考え方に、「枢軸時代」というものがある。これは、紀元前五〇〇年頃に世界各地において優れた精神的指導者が生まれたことをもとに、この時代に人類の精神性が一挙に高まったとする見方である。

インドでウパニシャッド哲学や仏教、ジャイナ教が登場したのもこの時代であり、イランではゾロアスター教のザラスシュトラ（ツァラトストラ）があらわれ、ギリシアでは、ソクラテス、プラトン、アリストテレスといった哲学者とともに詩聖ホメロスが活躍した。

そして中国では、儒家や道家を含む諸子百家が活動を展開したのである。

これは、非常に注目すべき見解だが、釈迦についての歴史的な事実が必ずしも明らかになっていないように、ザラスシュトラや諸子百家の面々になると、果たして歴史上実在したのかどうか、そこから問わなければならない。

孔子の場合、その伝記は、司馬遷の『史記』に記されている。司馬遷は、紀元前一四五年ないしは一三五年に生まれ、紀元前八六年か八五年に没したと考えられている。孔子の時代と司馬遷の時代とでは四〇〇年以上の開きがある。『史記』に書かれていることをそのまま歴史上の事実として受けとるわけにはいかない。

『論語』にしても、果たして一人の人物の言行録であると言い切れるのかどうか、それについては疑いをもたれている。

ただ、『論語』に示された孔子が、自らの思想を政治の場で生かすことを目指したことは確かである。

孔子がもっとも重要視したのは、「仁」という考え方である。この仁は、いつくしみや思いやりを意味するが、孔子は、国を治める君主は、仁を体現した「仁者」でなければならないと主張した。仁者が国を治めることで、国全体に道徳が行き渡り、それで社会は安定し、平和が実現されるとしたのである。

『論語』にあらわれた仁の具体的な例としては、たとえば、「樊遅《はんち》、仁を問う。子の曰く、人を愛す」（顔淵二二）があげられる。子が孔子のことをさすが、ここでは仁の本質が愛することに求められている。

ただし、ここで言われる愛を、現代的な意味で解釈することには問題がある。孔子はあくまで、為政者の愛を問題にしているのであり、それは政治を行うときのあるべき姿勢を示したものである。

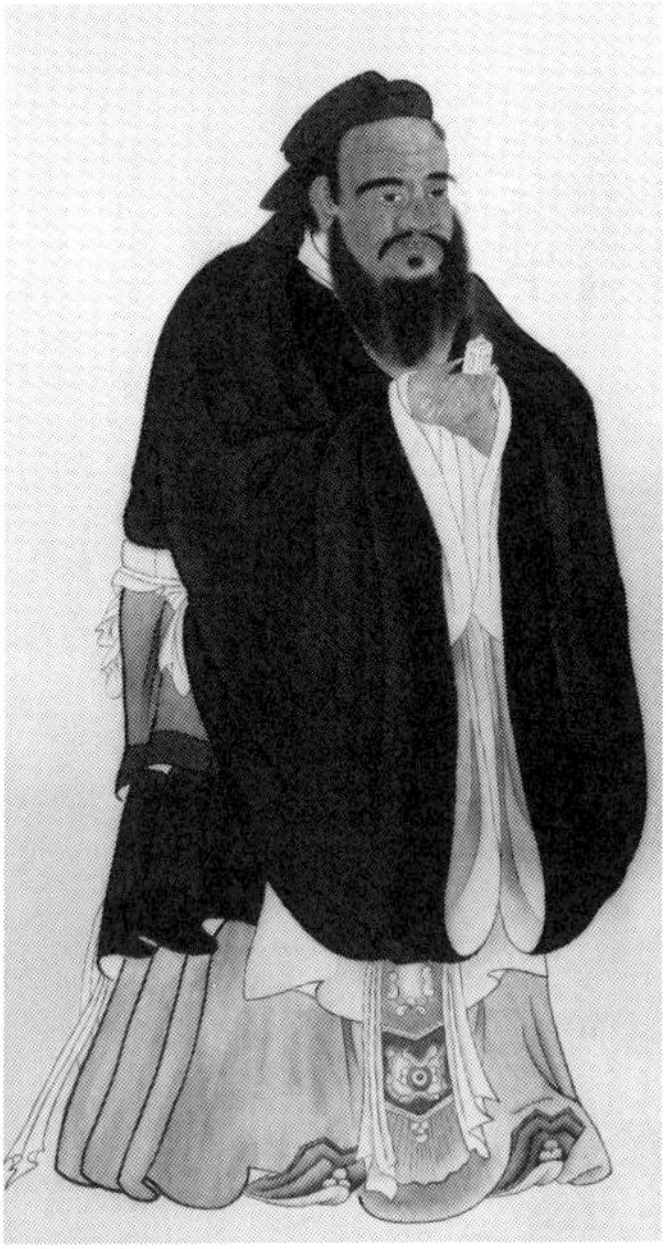
孔子肖像

また、「仁に当たりては、師にも譲らず」ということばもある。儒教では、仁とは別に「礼」ということが重視され、師は礼の対象になるはずだが、仁は、師に対する配慮よりも優先されるというのである。ここには、いかに仁が重視されていたかが示されている。

死を視野に入れていない儒教

では、儒教では死をどのようにとらえるのだろうか。

その点について、哲学者の和辻哲郎は、『孔子』(岩波文庫)という著作のなかで、次のように述べている。

「孔子は病気の際にもそのために禱《いの》ろうとはしなかった。また疾篤《やまいあつ》きに当たって死後の備えをする弟子に対し自分は身分あるものとしてよりはただ一夫子として、門人たちの手に死ぬることを欲すると言った。ただそれだけである」

和辻は、「これが孔子の死についての比較的確実な言い伝えのすべてなのである」と述べている。少なくとも『論語』には、孔子がいかにして亡くなったのか、その記録はまったく含まれていない。

これは、創唱者である釈迦やイエスの死が重要な意味をもつ仏教やキリスト教においてはあり得ないことである。ただ、前の章で述べたイスラム教には近いかもしれない。

イスラム教において、預言者ムハンマドの死が自然死だったこともあり、信仰上重要な意味をもたないように、儒教において孔子の死は注目もされず、さほど重要視もされていない。

さらに、『論語』のなかの孔子自身が、死のことについて語っていないことも、儒教において死が重要視されない原因になっている。『論語』の「先進篇」には、次のような問答が記録されている。

「季路《きろ》、鬼神に事《つか》えんことを問う。子曰く、未だ人に事うる能わず、焉《いず》くんぞ能《よ》く鬼に事えん。曰く、敢えて死を問う。曰く、未だ生を知らず、焉んぞ死を知らん」

これは有名な問答だが、鬼神とは死者の霊のことをさす。これに関連する箇所はほかにもあり、「雍也篇《ようや》」には、「鬼神を敬してこれを遠ざく」とあるし、「述而篇《じゅつじ》」には、「子、怪力乱神を語らず」とある。孔子は、死者の霊など怪異なものが存在することは認めているものの、それについてはあえて語ろうとはしなかったというわけだ。

それは、死についても同様で、生というものがいかなるものかもわかっていないのに、経験もしていない死がどういうものか、それを知ることなどできるはずもないというのが孔子の立場である。

一般に宗教は死と深く結びついている。それは、仏教やキリスト教のことを考えてみれば明らかになることである。死があるからこそ宗教が生まれた。そうした主張さえ展開されてきた。

その点では、死を視野に収めていない儒教は特異な宗教ということにもなる。あるいはこの点が、儒教が宗教と見なされない一つの原因になっているのかもしれない。

ただ、儒教には「孝」という観念がある。これは、一つの徳目としてとらえられており、類似のものとしては「悌」がある。孝が親に従うことであるのに対して、悌は兄や年長者に従うことである。「孝悌」という表現もよく使われる。要は、自分よりも立場が上の人間に対して忠実に従うことが勧められているわけである。

私たちは、こうした儒教の孝の考え方に影響され、「親孝行」を子どもの当然の義務と考えているが、人間のあいだに上下の関係があるという認識は、必ずしもすべての文化に共有されているわけではない。

イスラム教が広まった地域では、神が絶対視され、それに比較して人間は誰もが平等であるという感覚が強い。日本では敬語が発達していて、おのずから上下の関係を気にすることになるが、それは、あくまで儒教が背景になっているのである。

『論語』の「子路《しろ》篇」には、「父は子の為に隠し、子は父の為に隠す」ということばさえある。親子は、たとえ犯罪を犯しても、それを世間に対して隠そうとするのが本音だと指摘したものである。

孝が絶対化されれば、法律さえ無視してもかまわないわけであり、儒教では、それほど孝は重要な規範と位置づけられていることになる。

個人の死より親の死が重要

ただ、この孝について詳しく述べているのは『論語』ではなく、『孝経』である。『孝経』は、孔子がその弟子である曽子に対して孝について語るという体裁をとっている。作者についてははっきりしないが、孔子や曽子の作ではなく、後世に作られたものである可能性が高い。しかし、その影響力はかなり大きかった。

『孝経』の有名なことばとしては、「開宗明義章第一」にある「身体髪膚《しんたいはっぷ》、之を父母に受く。敢えて毀傷《きしょう》せざるは、孝の始めなり。身を立て道を行い、名を後世に揚げ、以って父母を顕わすは、孝の終わりなり」や、「五刑章第一一」の「子曰く、五刑の属に三千あり。而《しか》れども罪の不孝より大なるもの莫し。君を要《おびや》かす者は上を無《なみ》し、聖人を非《そし》る者は法を無し、孝を非る者は親を無す。此れ大乱の道なり」といったものがある。

『孝経』の「喪親章第一八」は、親を亡くしたことについてふれたものであり、そこでは、「孝子の親を喪《うしな》うや、哭《こく》して偯《い》せず。礼は容《かたちつくろ》う無く、言は文《かざ》らず」とか、「喪、三年を過ぎざるは、民に終わり有るを示すなり」、あるいは、「生けるに事《つか》うるに愛敬もし、死せるには事うるに哀戚《あいせき》もてす」といったことが言われている。親の死に際しては喪に服すという考え方がここにはっきりと示されている。親に対する孝は、親が生きているあいだのことには限られず、親が亡くなった後も続くとされているわけである。

そこから、祖先祭祀、祖先崇拝が重要視されることになる。すでに『論語』の「為政篇」には、「生には、これを事うるに礼をもってし、死には、これを葬るに礼をもってし、これを祭るに礼をもってす」とある。ここで言われる「祭る」とは、めでたい祭事のことではなく、死者を供養するための儀礼のことである。冠婚葬祭の祭も、実はそうした儀礼を意味し、日本では仏教の法事、法要をさすものと考えられている。

儒教においては、個人の自分自身の死ということは重要な問題としてはとらえられていないが、個人にとってもっとも重要な人物、とくに親の死は極めて重要な意味をもち、死後も祭祀を続けることが勧められている。

どう死ぬかではなく、死んだ後にどうするかが重視されていると見ることもできる。ここに、儒教における死生観の第一の特徴が示されている。

この考え方は、その後の実践において重要な意味をもち、儒教では祖先祭祀の重視ということが伝統になっていくが、第二章でもふれたように、中国に取り入れられた仏教にも影響を与えていく。第二章では、中国で作られた『盂蘭盆経』のことについて見た。その影響は、日本にまで及んでいる。

実際、仏教式の葬儀では、故人の戒名を記した位牌が用いられるが、位牌は、儒教の葬儀で用いられる「神主《しんしゅ》」がもとになっている。

日本では、仏教のなかに祖先祭祀が巧みに取り入れられていったが、それは儒教が影響したと見ることもできる。仏教の死生観の形成には、中国や日本では、儒教の影響を無視できないのである。

不老不死を追い求める道教

では、道教の方はどうなのだろうか。

そもそも道教については、老子を創唱者とする宗教であるととらえる見方とともに、老子が唱えたのはあくまで道家という思想であり、宗教としての道教とは異なるものだという見解がある。

道教の方は、中国に土着の宗教であり、宇宙を動かす根源的な真理である「道」の存在を想定し、その道と一体化することによって不老不死を実現したり、仙人になったりすることを志向するものであるとされている。

今日において宗教史家としてもっとも大きな影響を与えているルーマニア生まれのミルチャ・エリアーデは、道教における「道士の究極目標は、肉体的な不死を獲得することであった。不死の人（仙人）を意味する『仙』という漢字は、人と山の形からきているが、それは隠者のことをさしている」と述べている（『世界宗教史』3、ちくま学芸文庫）。

不老不死を求めるということは、中国の道教に限られないことで、古代メソポタミア文明が生んだ『ギルガメシュ叙事詩』には、伝説の王ギルガメシュが、不老不死の秘薬を求めて旅に出る話が出てくる。あるいは、ギリシア神話では、神々は不老不死であるとされている。

神々はまだしも、人間が不老不死を求めても、それが実現されるわけもない。しかし、道教では、不老不死を実現するための具体的な方法がさまざまな形で試みられていた。

その一つとして、エリアーデがあげているのが、「生気を養うこと」（養生）である。人体は大宇宙と対応し、体のなかの九つの穴を通して生気が出入りするため、それが出ていかないよう、寝ないで見張っていなければならない。

しかも、人体は三つの「丹田」に分かれていて、そこには「三尸《さんし》」と呼ばれる三匹の虫がいる。この虫が道士の生気を吸い取ってしまうので、食事に注意し、その虫を殺さなければならない。これは、日本では「庚申信仰」として受容された。

道教において、仙人になることは「羽化登仙《うかとうせん》」と呼ばれ、羽が生えて仙界まで飛んでいくと考えられている。仙人は、一般に、白い髭を伸ばした老人として描かれており、その点では、人生における最終的なあり方、究極の理想を示したものと考えられる。

仙人が住む世界が「仙境」である。仙境は、俗界から遠く離れた清浄な場所と考えられており、具体的には、中国の東海にある蓬萊《ほうらい》、方丈、瀛洲《えいしゅう》の島がそれにあたると考えられてきた。

四世紀から五世紀にかけての詩人、陶淵明の「桃花源記」は、一人の漁師が、仙境と同様に理想の世界である「桃源郷」に迷い込む話だが、いったんそこから去ってしまえば、二度と戻ることはできないとされている。

こうした点で、道教の想定する仙境は、あくまで地続きで、現実の世界のどこかに存在するものと考えられている。仙人は老人だが、死後に赴く世界としてはとらえられていない。その点では、天国や極楽とは異なるのである。

ただ、死後に仙人になる方法というものも開拓されていて、それは「尸解《しかい》」と呼ばれる。これは、特殊な仙術によって、死後に魂を肉体から抜け出させ、仙境へと赴かせるものである。これは、仙術を操る仙人だけが可能な方法であり、一般の人間には不可能である。

儒教徒、道教徒として死ぬことは難しい

道教が、本質的に不老不死を目指すものであるとするなら、死後に天国や極楽などに生まれ変わるという考え方は生まれようがない。

しかし、中国における道教は、仏教、あるいはそのもとになったインドの宗教の影響を

受け、死後の世界について独特な観念を発達させていく。

中国に仏教が伝えられるのは、紀元前後のことだが、後漢の時代には、「問地獄事経」や「十八泥梨《ないり》経」といった仏典が翻訳された。泥梨とは地獄のことである。

それまでの中国には、地獄の観念はなく、冥界で裁かれるという考え方もなかった。これ以降、道教の経典でも、地獄について言及されるようになるが、仏教の説く地獄が地下に想定されたのに対して、道教では水平方向にあるものと考えられた。そこには、冥界を地続きとする道教のもともとの考え方の影響を見ることができる。

すでに十王信仰については第二章でふれたが、それは仏教と道教が結びつくことで生まれた冥界についての考え方である。十王は道教で信仰される存在であり、それが仏教の説く八大地獄と結びつけられたのである。

仏教が生まれたインドでは、輪廻転生の考え方があり、死後には輪廻をくり返していくと考えられた。死後にどの世界に生まれ変わるかについて、それが裁きの結果だという考え方もなく、また、現世における振る舞いが輪廻する先を決定するという考えも生まれなかった。

それに対して、中国では、儒教の影響もあり、現世における振る舞いが問われ、それが来世に生まれ変わる際の裁きに影響すると考えられた。そのとき、地獄では十人の王が待ち受けていて、裁きをくり返していくという考え方が確立されていったのである。

結局のところ、儒教や道教の場合には、その成立後、仏教が取り入れられたことで、習合という現象が起き、三つの宗教は混淆《こんこう》されていった。

ただし、仏教については、教団も組織され、膨大な経典も編纂されていたことから、一つの独立した宗教として発展していった。そこには、儒教や道教の影響も見られたわけだが、死ということについては、それが仏教の本質ともかかわることから、仏教独自の死生観、死に方がかなり明確な形で作り上げられていった。

それに対して、儒教や道教の死生観は、仏教に比べて明確ではなく、そのため、儒教独自の死生観、道教独自の死生観といったものは、はっきりとした形では生み出されなかったのである。

それは、儒教によって、あるいは道教によって死ぬことが難しいということを意味する。人は仏教徒として死ぬことはできても、儒教徒、あるいは道教徒として死ぬことは難しい。簡単に言ってしまえば、そうした違いが生じるようになったのである。

第六章　武士道と祖先崇拝

長寿が苦になる時代

ここまで、それぞれの宗教における死生観、死後の行方について見てきた。宗教によって考え方には相当な開きがある。

死を免れることができないという点では、どの宗教を信じている人間にとっても同じである。道教で不老不死を追求しても、それが実現することはない。

ただ、時代が進み、文化が発達してくると、生活環境もよくなり、どの国でも、平均寿命が伸びていく。日本は、それがもっとも進んだ国の一つであり、昔はなかなか実現しなかった長寿が容易なものになってきている。

長寿は、昔から考えれば素晴らしいことである。以前は、生活環境も悪く、乳幼児死亡率が高かった。若くして病気や事故で亡くなる人も珍しくなかった。

それに比較すれば、現在の世の中は理想的な環境が整えられている。昔は、現世で生きることに苦を感じざるを得なかったため、来世に生まれ変わることを強く望んだが、その必要もなくなってきている。

ところが、大往生が可能になってくると、今度は老後のことを考えるようになり、かえってそれで苦しむようにもなっている。老後は長く続くのだから、そのためにいろいろと備えをしなければならない。お金も必要だ。長生きが可能になったことで、かえって私たちは苦しんでいる。

まだ平均寿命が短かった時代には、いつまで生きられるか見通しが立たないため、とりあえず生きられる限り生きるという気持ちで生活することができた。長く生きられるかどうかは誰にもわからないわけで、先のことを考えて、それに煩わされることはなかった。

今の私たちは、長寿が保証されるようになったことで、それが当たり前であると考え、なんとかそれを実現したいと望むようになった。七〇歳くらいで亡くなれば、今や「お若いのに」と言われる。

ひたすら長生きを求めることは、死と直面することを避けることにつながる。生き続けることが究極の目的になり、それを実現するためには、あらゆる手段に訴えようとする。

要は、現代の日本社会に生きる私たちは、昔に比べて、死に際してのいさぎよさを失っているのである。

『武士道』で表現したかったこと

そうした状況のなかで、いさぎよい死ということで注目されるのが武士道である。武士道は、近代以前に存在した武士の生き方ということになるが、とくにそれについて解説した新渡戸稲造の著作『武士道』が名高い。

『武士道』の本は現在でも読み継がれており、原文が英語で書かれていることから、現代語訳も次々と刊行されている。

ただ、新渡戸がなぜこの本を書いたのかということについては、あまり注目されていないかもしれない。それについて新渡戸は、「初版への序文」で述べている。

新渡戸は、『武士道』を書く一〇年前に、ベルギーの著名な法学者、ラブレー氏の招きを受けて数日を過ごしていたとき、散歩の合間に宗教に話題が及び、「あなたの国では学校で宗教教育を行わないというのですか」と尋ねられた。

新渡戸が、そうだと答えると、ラブレー氏は、「無宗教！　それでどうやって道徳教育を授けるのですか」と、忘れることのできない口調でくり返したという。

その際に、新渡戸には用意がなく、うまく答えられなかった。新渡戸は、アメリカ人の女性と結婚していたが、妻からも同じようなことを聞かれていた。それによって、「封建制度と武士道を理解しないかぎり現代日本の道徳観念は封をされた書物のような状態にとどまると気づいた」というのである（『新訳武士道』大久保喬樹訳、角川ソフィア文庫）。

これが『武士道』を執筆した動機だった。新渡戸は、この本のなかで、その時点でもすでに過去のものになっていた武士社会の世界観、道徳について述べていく。その際には、徳や礼といった儒教を基盤とした観念について扱っているが、もっとも力を入れて論じていたのは忠誠、あるいは忠義であった。

忠誠や忠義に見られる忠も、儒教が説く徳目ではあるが、中国や朝鮮においては、前の章でもふれた孝の方が忠よりも重視されていた。ところが、日本では、孝よりも忠の方がより重要であると考えられたのである（加地伸行『儒教とは何か』中公新書）。

とくに新渡戸は、『武士道』のなかで、切腹の意義について強調している。そこでは、切腹した武士たちがいさぎよい人間として描かれている。新渡戸はその点について、「私は自死ということについて宗教的あるいは道徳的正当化を主張しようとしているのだと誤解されたくないが、多くの者にとっては名誉を重んじるということが自らの命を絶つ十分な理由になったのである」と述べている。

新渡戸はこのように留保をつけてはいるものの、『武士道』で紹介された切腹の事例は衝撃的なものが少なくない。あるいは、その点を強調するためなのだろうか、歌舞伎や浄瑠璃で今も頻繁に上演される「寺子屋」という演目の物語をそのまま歴史上の事実であるかのように扱っているところもある。

しかし、『武士道』を読んでいけば、自らの名誉のためには喜んで自らの腹を切る武士の姿に、新渡戸が日本人のあるべき姿を見出そうとしているように思えてくるのである。

『太平記』に見る日本人の死に方

『武士道』におけるいさぎよい死の扱い方から思い起こされるのが、『太平記』の物語である。

『太平記』は南北朝時代を舞台とした軍記物語だが、延々と戦いの場面が続き、しかもそれは相当に凄惨なものとして描かれている。『太平記』の世界に一度はまりこんでしまうと、この戦いは永遠に続くのではないかという錯覚さえ覚えるのである。

その『太平記』のなかで圧巻なのは、家臣が主君に殉じて亡くなる場面である。

たとえば、第一〇巻には、相模入道北条高時が自害する場面が出てくるが、その後に続けて、「これを見て、堂上堂下におはしける一門他家の人々、皆押膚脱《おしはだぬ》ぎ押膚脱ぎ、腹を切り、自ら頸を掻き落とす人々は、誰々ぞ。金沢大夫入道崇顕、佐介近江前司宗直……」と追い腹を切った家臣たちの名が列挙される。そして、「血は流れて、滑々たる洪河の如し。屍は満ちて、累々たる郊原の如し。死骸は焼けて見えねども、後に名字を尋ぬれば、ここ一所にて自害したる者、すべて八百七十三人なり」（兵藤裕己校注『太平記（二）』岩波文庫）とつづられていくのだった。

『太平記』は書物の形にまとめられてはいるが、それは「語り物」であり、「太平記読み」などと呼ばれた講釈師によって説かれるものであった。

今引用した箇所にある追い腹を切った家臣の名を列挙していく箇所を、文字として読むのではなく、耳で聞いたとしたら、聴衆は陶然としていったことだろう。家臣たちは、主君に殉ずることに一瞬の躊躇もなく、実にいさぎよく死んでいくからである。

新渡戸がこうした『太平記』の物語に接していたかどうかはわからないが、『太平記』は、たんなる物語の域にとどまってはおらず、歴史を解釈するための枠組みを提供するものともなった。

たとえば、江戸時代に発展していった歌舞伎や浄瑠璃の場合、幕府の方針もあって、同時代の出来事を物語として表現することが禁じられていた。そのため、常に『太平記』の物語に仮託されて事件が作品化されていった。赤穂浪士の討ち入りを物語化した『仮名手本忠臣蔵』がその代表である。

さらに、その影響は歴史学者にまで及んでおり、現代の歴史学者による記述のなかに、『太平記』の影響を見て取ることもできるのである（その点については、日本史史料研究会監修・呉座勇一編『南朝研究の最前線―ここまでわかった「建武政権」から後南朝まで』洋泉社歴史新書yを参照）。

日本的な祖先崇拝はどのように生まれたか

いさぎよく死んでいくということは、自らの生に執着しないことである。仏教の世界でそうした生や死のあり方を説くのが禅ということになるが、禅は武士の台頭とともに日本の社会に浸透していった。禅の教えは、常に死に直面していなければならない武士たちに対してこころの支えを与えるものとなったのである。

ただ、武士は社会の上層階級であり、庶民の場合には絶えず戦場に出て死に直面するわけではないので、禅に対して魅力を感じることはなかった。むしろ庶民のこころをとらえたのは、第二章でも見たように、念仏の信仰だった。

阿弥陀仏の名号である「南無阿弥陀仏」と唱える念仏は、天台宗の三世座主となる円仁が中国からもたらしたもので、当初は密教の行の一つだった。

ところが、念仏を唱えれば救われ、極楽往生が果たせるということで、方法が容易であるため、庶民層にも広がっていった。念仏を庶民層に広めたのは空也などの「念仏聖」であった。

念仏を唱えることによって極楽往生を目指すということを宗派の教えとして確立していったのが浄土宗の法然であり、それに続く浄土真宗の親鸞、そして時宗の一遍であった。

これによって、念仏信仰は一気に日本社会に浸透していくが、その対象となったのはそうした宗派の信者には限られなかった。

極楽往生を果たすということは、仏になるということである。やがて日本では死者のことをさして「ホトケ」と呼ぶようになっていく。

近世の時代に入って、村社会が成立し、そうした村がいくつもの家によって構成される状況になっていくと、それぞれの家では亡くなった祖先を祀るようになっていく。そうした祖先は、仏壇に位牌として祀られた。

これが、日本的な祖先崇拝へと発展していく。家は稲作などの農業を営むものであり、稲作を行う田は祖先によって開かれたものであった。その点で、子孫は祖先のお蔭を被っているのであり、恩を返すために祖先を丁重に祀った。逆に、祖先は自分が作り上げた家を見守ってくれる存在としてとらえられるようになる。これが、第一章でふれた柳田國男が体系化した日本的な祖先崇拝のあり方だった。

もちろん、戦後になって柳田が体系化するまで、人々がそうした祖先崇拝の観念を明確にもっていたかどうかははっきりしない。おそらく曖昧で漠然としたものだったであろう。ただ、仏壇に祖先をホトケとして祀ることは実践されていたわけで、生きている者は、やがて死後において自らもそうした形で子孫から祀られるようになることを予期できたはずである。柳田は、『先祖の話』のなかで、日本の庶民は「ご先祖様」として祀られることを目標として生きてきたと指摘しているが、それに近い願望を多くの人たちが抱いていたのである。

生きているあいだは祖先を丁重に祀り、死んだら今度は自分がご先祖様になる。それが明確になっていれば、生きることにも、また死ぬことにも意味を見出すことができた。

新しい形の死者の出現

祖先の供養には、菩提寺の力を借りることになった。菩提寺の僧侶が営む法事法要には、追善の機能が期待され、死者を極楽往生させる効力があると信じられたからである。

江戸時代に寺請制が敷かれた際に、それが広く受け入れられたのも、その前の段階で、そうした信仰が広がりを見せていたからだろう。大往生を果たしてご先祖様として祀られる。そうした信仰が江戸時代に完成されたのである。

近代が訪れ、明治時代に入ると、寺請制は廃止された。そして、神仏分離のもと廃仏毀釈が起こり、寺院のなかには破却され、破壊されたものも少なくなかった。

しかし、それによって庶民と仏教、村の家々と檀那寺の関係が断ち切られたわけではなかった。すでに両者の関係は緊密なものになり、定着していたからである。

ご先祖様を祀るということは、明治時代に入ると、天皇家にも取り入れられ、特異な形態をとっていった。明治以前の天皇家では、仏教と神道などが入り交じった信仰が実践され、代々の天皇は仏教によって供養されていた。宮中には「御黒戸」と呼ばれる仏壇もあった。

ところが、神仏分離は天皇家にも及び、天皇家の信仰は神道に限定されることになる。菩提寺である京都の泉涌寺や、出家した皇族が入った門跡寺院などとの関係が完全に断ち切られたわけではないものの、天皇は、皇室の祖先を祀る神主の役割を果たすようになり、皇居には、皇祖神である天照大神を祀る賢所《かしこどころ》や、代々の天皇皇族を祀る皇霊殿などが建てられた。

仏教で祀るか、神道で祀るかの違いはあるものの、それぞれの家の祖先、ないしは祖神を祀るという点では庶民も天皇家も変わらなかった。こうして祖先崇拝の信仰が日本社会全体に広がり、日本人の信仰の核心を形成することとなったのである。

ただ、近代に入ると、ご先祖様として祀ることができないものの、丁重に葬らなければならない人間が生まれることになる。

その最初が幕末の志士であり、日本が対外戦争に乗り出してからは戦没者がそうだった。志士も戦没者も、その多くは年齢が若く独身だった。結婚していたとしても、まだ子どもがいない場合が多かった。彼らは国のために命を捧げたわけで、周囲の人間たちには丁重に葬らなければならないという義務感が生まれた。

ところが、彼らにはそれを祀るべき子孫がいなかった。靖国神社や護国神社が生まれる背景に、そうした事情があったものと推測される。そうした特異な神社の成立は、祖先崇拝の枠外に位置づけられる死者の出現という新しい事態に対応したものだったのである。

幕末の志士や対外戦争の戦没者は名誉の死を遂げたと見なされ、靖国神社や護国神社では神として祀られた。彼らは、子孫を残さなかった点で、ご先祖様としては祀られなかったが、個々の家の枠を超えた存在として祭祀の対象となったのである。

こうした供養の形態が生み出されることで、日本的な祖先崇拝の体系は完成されたと言える。もちろん、若くして亡くなったものの、戦没者ではないという場合には、ご先祖様でもないわけで、ひっそりと祀られるしかなかった。そうした人間を含め、誰も祀り手のいない亡霊を供養するのが盆の施餓鬼《せがき》である。これも、日本的な祖先崇拝の体系を補完する役割を果たしたと言えるのである。

現代は〝死ににくい時代〟

こうした体系が完成されたことで、日本人は自らの死について迷いを感じる必要はなくなった。いかに死ぬかは定まっているわけで、それは、いかに生きるかが定まっていることを意味した。がんばって自らの生をまっとうし、子孫に何かを残せば、ご先祖様として祀られる。そして、戦場で散れば、神として祀られたのである。

ただこれは、亡くなる人間が子孫に残すものがある農家や漁家、自営業の家などで成り立つ仕組みであり、戦後に著しく進んだ都市化の産物であるサラリーマン家庭の場合には、成り立ちようのないものだった。

サラリーマン家庭では、その家の働き手が亡くなっても、その家を支えていく経済的な基盤を残せるわけでもない。せいぜい残すことができるのは自宅ということになるが、これも、均分相続の制度がとられるようになったことで、兄弟姉妹のあいだで遺産を分ける際に売却されることが多くなった。

そうなれば、それぞれの家の死者がご先祖様として祀られることはない。しかも、都市の家庭には仏壇がないことが多く、郊外にある墓に葬られた死者は普段その存在も忘れられ、一年に一度か二度、墓参りのときに供養されるだけになった。

そうなると、亡くなってご先祖様になるということが目標ではなくなる。それは、死ぬことに意味を見出せなくなるということであり、生きることの意味も明確ではなくなるということである。

そこに、今の社会に生きること、死ぬことの難しさがあると言える。それに、現代の社会では、死後に極楽往生を果たすということが信じられなくなっている。死んだ後のことが定まらないがゆえに、生きることには必ず不安がつきまとうのである。

現代は、生きやすい時代である。ところが、それは同時に死ににくい時代であることを意味している。そこに大きな矛盾があり、私たちはそれに悩んでいるのである。

もちろん、死に対する覚悟が定まっていないからといっても、死は容赦なく訪れる。それも、いつそれが訪れるか、正確に予測することは難しい。たとえ、私たちが自らの死や死後のあり方に不安を抱いていたとしても、死は決して素通りしてはくれないのである。

どう死んでいくのがいいか

ここまで見てきたように、それぞれの宗教には独自の死生観があり、それが死後の行方をどう考えるかを規定している。日本の場合には、そこに単一の宗教だけが影響を与えているわけではなく、神道や仏教、そして儒教や道家といったさまざまな宗教がかかわっていた。あるいは、キリスト教の天国のイメージが、日本人の来世観に影響している面もある。

ただ、そうした死生観は時代とともに変化し、状況が変われば、人々のあいだで共有されなくなっていったりする。まさに、現代の日本社会では、従来の死生観が通用しなくなり、どう死んでいったらいいのかがわからなくなってしまっている。

その点では新たな死生観が求められるようになってきたと言える。だが、それを、キリスト教やイスラム教など、日本に十分には浸透しなかった外来の宗教によって基礎づけることは難しいだろう。

日本人にとっては、神道であり、仏教であり、そして儒教や道教なのである。

宗教にかんして、世界の関心ということを考えてみると、仏教では禅やチベット仏教、あるいはテーラワーダ仏教が注目を集めている。

こうした仏教は、修行を実践するという点で共通点をもっている。そこには、人々が近代社会に生きるなかで「個人化」し、共同体の規制から外れるようになったことが影響している。個人としての信仰が問題になるのであり、いかに個人の精神性を高めていくかということに関心が集中するようになっているのである。

あるいは、神道というあり方も、自然環境の重視といった文脈において、これまでとは違った形で注目される可能性を有している。神社は、神を祀った特別な環境であり、外界の世俗の世界からは隔たっている。その分、俗におかされることなく、清浄さを保っている。神社の空間も、修行とは異なる形で、個人の精神性を高める役割を果たしていくことになるかもしれない。

人は無から生まれ、また無に帰っていく。それは、自然のなかから生まれ、自然に帰っていくと言うこともできる。

その誕生から死までのあいだ、私たちはただ生きているだけではなく、自分を少しでも向上させようとつとめなければならない。向上したと思えることが人生の達成であり、それを感じることができたとき、私たちは、自分が生きた証を残せたのだと実感できるだろう。

そうしたことを糸口に、私たちは新しい死生観がいかなるものなのか、少し時間をかけながら探っていかなければならないのである。

おわりに

ここまで世界の宗教を取り上げ、それぞれの宗教における死生観について見てきた。宗教によって、死に対するとらえ方、取り組み方が相当に違うことが理解されたであろう。

そのなかでも、仏教とキリスト教という二つの世界宗教が、死について強い関心を示してきたことが明らかになったはずだ。

そこには、この二つの宗教を開いた創唱者の死のあり方が影響を与えていた。釈迦の涅槃、イエス・キリストの十字架上における磔刑《たっけい》は、仏教とキリスト教のその後の歴史において極めて重要な意味をもった。それこそが、この二つの宗教の特徴を形作る決定的な要因になったとも言える。

私たち日本人は、仏教が伝えられて以来、この宗教と深くかかわってきた。一方、キリスト教については、信者は少ないものの、文化的な影響は大きい。とくに明治以降、西欧文明を積極的に取り入れていくなかで、キリスト教を宗教全般のモデル、あるいは理想としてとらえる傾向もあり、それは私たち日本人の宗教観にも影響を与えてきた。

それによって、私たちのなかには、宗教の本質を、その死生観に求めようとする傾向が生み出されている。人間にとって絶対に避けることのできない死という事柄に対してどう立ち向かっていくのか、あるいはそれをどう受け入れていくのか、宗教はそのための道筋を示すために存在しているという見方が、日本人のなかに形作られてきたのである。

それに比べれば、神道もそうだが、ユダヤ教やイスラム教、あるいは儒教や道教においては、死への関心は薄い。もちろん、それぞれの宗教においては独自の他界観が存在するが、それがいかなる世界であるかについての探求はそれほど進んでいない。仏教やキリスト教に親しんできた人間からすれば、そこにもの足りなささえ感じてしまうのである。

たとえば、イスラム教では、すでに述べたように、基本的な信仰箇条である「六信」のなかに「天命」が含まれ、この世で起こるすべての事柄は、神によって定められたもので、そこには何らかの意味があるとされている。そのため、イスラム教徒はたとえ災難に見舞われても、それを天命として受け入れるわけである。

もし、この考え方を日本でもとったとしたらどうなるだろうか。

日本は、地震や風水害など自然災害が多い国である。地震には津波がともなうこともあるが、東日本大震災が示しているように、日本はくり返し津波の被害に遭ってきた。風水害となると、毎年くり返されている。

イスラム教の考え方からすれば、地震や風水害によって被害を受けたとしても、それは、神の定めたことであり、天命であるということになる。

だが、日本のように、頻繁に災害に遭っていると、本当にそれは神が定めたことなのか、それに対する疑いがどうしても頭をもたげてくることになる。そうなれば、神を信じることは難しくなる。日本に一神教が浸透しないのも、こうしたことが影響しているのではないだろうか。


風水害に接したとき、とくに大規模な地震に見舞われたとき、私たち日本人は、むしろ「無常」ということに思いをはせる。

無常は、もともと仏教の用語で、いっさいのものごとは絶えず変化し、形を変えていくという哲学的な認識を意味する。それがさらに、人生のはかなさを意味するものとして一般に使われるようになってきた。

日本人は、無常ということばによって、人生のはかなさを嘆くとともに、それが定めなのだと、さまざまな出来事を受け入れてきた。定めととらえる点では、イスラム教の天命の考え方とも共通するが、日本人は無常であるものに対して意味を求めようとはしない。

もし、度重なる災害にいちいち意味を求めていたとしたら、私たちはそのことによって、かえって押しつぶされてしまうだろう。大規模な災害にどういった意味があるのか、それを探り当てることが難しいからだ。

無常は、災害ということだけではなく、私たちの歩む人生についての認識でもある。生きている者は必ず死ぬという「生者必滅」のとらえ方も無常感を生むことになるし、「祇園精舎の鐘の声、諸行無常の響きあり」ではじまる『平家物語』の場合、それに続けて、「盛者必衰の理」が示され、「おごれる人も久しからず、ただ春の夜の夢のごとし。たけき者も遂にはほろびぬ、ひとへに風の前の塵に同じ」と、一時は栄耀栄華を極めた人物でも、それは長く続かず、やがては滅びていくものとされている。

こうした無常感は、第二章でふれた極楽往生の考え方と深く結びつくものであり、現世が無常であるがゆえに、強く来世が求められたのだった。

こうした無常感は、災害がくり返されただけではなく、戦乱が続いた中世の時代に、とくに強調されたものだが、その感覚は現在の私たちからも消え去ってはいない。日本全体が戦争に巻き込まれる危機は去ったかもしれないが、世界各国で紛争は絶えず、テロという新たな脅威も生まれている。

その点で、私たちのあいだから無常感が消え去ることは、当分考えられないことだし、あるいはそれは永遠に消えることがないのかもしれない。

「はじめに」で、今、宗教消滅という事態が進行していることについてふれた。これは先進国に共通の現象であり、特定の宗教教団に所属しているという意識は全体に薄れている。日本でも、戦後拡大した新宗教の教団は、軒並み信者の数を減らしている。

しかし、無常というとらえ方は仏教の信仰と深くかかわっており、私たち日本人が無常感を抱き続けている限り、どこかで仏教と結びついていく。寺の檀家になるという形はとらなくなっても、仏教に対して親しみを感じるという状況は変わらない。

私たちは、仏教に無常感からの根本的な救済を期待しているわけではない。救いということについても、無常感にもとづいて、絶対的なものがあるとは考えないからだ。

しかし、無常感は、現実を受け入れるということに対しては役立ってくれる。人間が生物である以上死を免れることのできないという、絶対的な矛盾に一定の答えを与えてくれるからである。

そうした日本人からすると、ヨーロッパにおいてキリスト教の教会離れが続き、無宗教や無神論を標榜する人間が増えていく事態は、より深刻なのではないかとも思えてくる。

キリスト教の信仰をもたなければ、人生に起こる出来事が神によって定められたものであるとは考えない。しかも、ヨーロッパの人々は仏教の影響を受けていないので、無常感を知らないのである。

もちろん、ヨーロッパでは地震の被害は少ないし、台風による風水害といったことも起こらない。ヨーロッパが戦争に巻き込まれることもなくなってきた。ただ、テロなどの事件は起こっているし、何より、個々の人間が死を免れられないという現実は変わらない。

したがって、ヨーロッパでは無常感に立つ必要がないとも言えるが、信仰によって自らを支えられなくなったとき、それによって大きな不安に襲われる可能性は高くなる。しかも、日本でもそうだが、地域共同体の絆は崩れ、孤独ということに直面せざるを得なくなっている。

あるいは、ヨーロッパの人々も、いつか無常感に近いものを感じるようになるのであろうか。禅やチベット密教への関心が高まっているということは、そうした未来が訪れる可能性を示唆しているのかもしれないのである。

あとがき

私はあのとき、もしかしたら死んでいたのではないか。

今から、一三年ほど前のことである。私は、甲状腺亢進症と十二指腸潰瘍を併発し、四〇日間にわたって入院することになった。

入院したときには、どのような病気なのかわかっていたわけではない。ただ苦しくて、それで病院に駆け込んだのだ。病院でも、じっと寝ていられないほど苦しかった。

それで、薬の力によって一〇日ほど眠らされた。最初の予定では、もう少し短いはずだったらしいが、休日をはさんだことなどから、期間が伸びたのだ。


目覚めると、医者から、薬の作用で大概の患者は幻覚を見ると言われた。実際、私も幻覚を見た。幻覚などそれまで見たことはなかったが、幻聴や幻視などさまざまなことを経験した。幻覚は夢ではないので、今でも何を経験したかを覚えている。

医者や看護婦に殺されるのではないかという幻覚に苦しめられもした。また、自分が入院しているのは宗教系の病院で、しかも、猿の軍団に攻撃されているという幻覚も見た。

これは相当に苦しい体験で、幻覚はなかなか醒めてくれなかった。

残念ながら、そのとき臨死体験は起こらなかった。しかし、幻覚に苦しめられた状態は、地獄に落とされたようなものだったのかもしれない。

私はその病気から立ち直ることで、生まれ変わったようなものではないかと、今では考えている。体には不整脈などの後遺症が残ったが、それ以外は以前より元気になった。入院する前も、病に冒されていたためだろう。かなり疲れやすかったことを覚えている。

入院している間に、私は五〇歳の誕生日を迎えた。その日、見舞いに来てくれた母親と、お見舞い品のマスクメロンを食べた。それが、誕生祝いであり、生まれ変わりのお祝いであったのかもしれない。

大病をしたのは、オウム真理教の事件に巻き込まれ、勤めていた大学を辞めなければならなかったことなどがストレスになっていたのかもしれない。医者は、なぜその病気になったのかを解明してはくれないが、仕事もろくになく、どう生きていけばいいかわからなくなってきたことが大きかったように思う。

不思議なもので、退院すると、しだいに仕事が舞い込むようになった。今では、本を執筆してほしいという依頼を数多く受けている。毎年、十数冊はコンスタントに刊行できるようにもなった。やはり、私は大病を経て生まれ変わったのだ。

人はぎりぎりのところで大きな転換を経験し、新しい人生を歩めるようになるのではないか。私は大病の経験を経て、それを強く実感した。それこそが、大学時代に関心をもった「イニシエーション（通過儀礼）」の本質だと考えるようにもなった。

それが、おそらくは私の死生観である。

幸い、それ以降、大きな危機に直面してはいないが、危機に遭遇するということは、次の生まれ変わりに結びつくはずだ。そう考えられるようになった。

「おわりに」で、日本が災害の多い国だということにふれたが、人災の要素を除けば、それは防ぎようがない。

そうした状況のなかで、災害に襲われ、危機に瀕したとき、私たちはそれを生まれ変わりのきっかけとして活用するしかないのではなかろうか。

危機が訪れれば、元の状態には戻れない。戻ろうとすれば、絶望してしまうこともあるだろう。それに、生まれ変わりの経験に結びつけていくこともできないのである。

二〇一六年一一月二六日　島田裕巳

青春新書
INTELLIGENCE

こころ涌き立つ「知」の冒険

いまを生きる

〝青春新書〟は昭和三一年に——若い日に常にあなたの心の友として、その糧となり実になる多様な知恵が、生きる指標として勇気と力になり、すぐに役立つ——をモットーに創刊された。

そして昭和三八年、新しい時代の気運の中で、新書〝プレイブックス〟にその役目のバトンを渡した。「人生を自由自在に活動《プレイ》する」のキャッチコピーのもと——すべてのうっ積を吹きとばし、自由闊達な活動力を培養し、勇気と自信を生み出す最も楽しいシリーズ——となった。

いまや、私たちはバブル経済崩壊後の混沌とした価値観のただ中にいる。その価値観は常に未曾有の変貌を見せ、社会は少子高齢化し、地球規模の環境問題等は解決の兆しを見せない。私たちはあらゆる不安と懐疑に対峙している。

本シリーズ〝青春新書インテリジェンス〟はまさに、この時代の欲求によってプレイブックスから分化・刊行された。それは即ち、「心の中に自らの青春の輝きを失わない旺盛な知力、活力への欲求」に他ならない。応えるべきキャッチコピーは「こころ涌き立つ〝知〟の冒険」である。

予測のつかない時代にあって、一人ひとりの足元を照らし出すシリーズでありたいと願う。青春出版社は本年創業五〇周年を迎えた。これはひとえに長年に亘る多くの読者の熱いご支持の賜物である。社員一同深く感謝し、より一層世の中に希望と勇気の明るい光を放つ書籍を出版すべく、鋭意志すものである。

平成一七年　　刊行者　小澤源太郎

著者紹介

島田裕巳〈しまだ ひろみ〉

1953年東京生まれ。元日本女子大学教授、東京女子大学非常勤講師。専門は宗教学。東京大学文学部卒、同大学院博士課程修了。主な著書に『葬式は、要らない』『もう親を捨てるしかない』（幻冬舎新書）、『日本人の死生観と葬儀』（海竜社）、『葬式に迷う日本人（対談）』（三五館）などがある。

人《ひと》は死《し》んだらどこに行《い》くのか　青春新書 INTELLIGENCE

2017年2月1日　第1刷

著者　島《しま》田《だ》裕《ひろ》巳《み》

発行者　小澤源太郎

責任編集　株式会社プライム涌光

電話　編集部　03(3203)2850

発行所　東京都新宿区若松町12番1号 〒162-0056　株式会社青春出版社

電話　営業部　03(3207)1916　振替番号　00190-7-98602

印刷・中央精版印刷　製本・ナショナル製本

ISBN978-4-413-04506-3

こころ涌き立つ「知」の冒険!

青春新書
INTELLIGENCE

パワーナップの大効果! 脳と体の疲れをとる仮眠術	西多昌規	PI·434
頭がいい人の「考えをまとめる力」とは! 話は8割捨てるとうまく伝わる	樋口裕一	PI·435
高血圧の9割は「脚」で下がる!	石原結實	PI·436
「志」が人と時代を動かす! 吉田松陰の人間山脈	中江克己	PI·437
月900円!からのiPhone活用術	武井一巳	PI·438
実家の片付け、介護、相続… 親とモメない話し方	保坂　隆	PI·439
いまを生き抜く極意 「ズルさ」のすすめ	佐藤　優	PI·440
アルツハイマーは脳の糖尿病だった	森下竜一 桐山秀樹	PI·441
英会話 その単語じゃ人は動いてくれません	デイビッド・セイン	PI·442
名画とあらすじでわかる! 英雄とワルの世界史	祝田秀全［監修］	PI·443
「いい人」をやめるだけで免疫力が上がる!	藤田紘一郎	PI·444
まわりを不愉快にして平気な人	樺　旦純	PI·445
なぜ、あの人が話すと意見が通るのか	木山泰嗣	PI·446
できるリーダーはなぜメールが短いのか	安藤哲也	PI·447
江戸三〇〇年 あの大名たちの顚末	中江克己	PI·448
あと20年でなくなる50の仕事	水野　操	PI·449
相続専門の税理士が教えるモメない新常識 やってはいけない「実家」の相続	天野　隆	PI·450
なぜ一流は「その時間」を作り出せるのか	石田　淳	PI·451
自分が「自分」でいられる コフート心理学入門	和田秀樹	PI·452
図説 地図とあらすじでわかる! 山の神々と修験道	鎌田東二［監修］	PI·453
一見、複雑な世界のカラクリが、スッキリ見えてくる! 結局、世界は「石油」で動いている	佐々木良昭	PI·454
やってはいけない38のこと そのダイエット、脂肪が燃えてません	中野ジェームズ修一	PI·455
図説 実話で読み解く! 武士道と日本人の心	山本博文［監修］	PI·456
なぜ「あの場所」は犯罪を引き寄せるのか	小宮信夫	PI·457

お願い ページわりの関係からここでは一部の既刊本しか掲載してありません。折り込みの出版案内もご参考にご覧ください。